Bibliografische Information der Deutschen Nationalbibliothek:

Die Deutsche Bibliothek verzeichnet diese Publikation in der Deutschen National-
bibliografie; detaillierte bibliografische Daten sind im Internet über http://dnb.d-
nb.de/ abrufbar.

Impressum:

Copyright © 2015 GRIN Verlag, Open Publishing GmbH
Druck und Bindung: Books on Demand GmbH, Norderstedt Germany
ISBN: 978-3-668-04600-9

Dieses Buch bei GRIN:

http://www.grin.com/de/e-book/306530/erfolgsmessung-beim-retargeting-ueber-
facebook

Andreas Arndt

Erfolgsmessung beim Retargeting über Facebook

GRIN Verlag

GRIN - Your knowledge has value

Der GRIN Verlag publiziert seit 1998 wissenschaftliche Arbeiten von Studenten, Hochschullehrern und anderen Akademikern als eBook und gedrucktes Buch. Die Verlagswebsite www.grin.com ist die ideale Plattform zur Veröffentlichung von Hausarbeiten, Abschlussarbeiten, wissenschaftlichen Aufsätzen, Dissertationen und Fachbüchern.

Besuchen Sie uns im Internet:

http://www.grin.com/

http://www.facebook.com/grincom

http://www.twitter.com/grin_com

Institut für Wirtschaftsinformatik

Erfolgsmessung beim Retargeting über Facebook

**Eingereicht zur teilweisen Erfüllung der Anforderungen für
den Grad des Master of Science in
Betriebswirtschaftslehre
Philipps-Universität Marburg**

Eingereicht von: Andreas Arndt

04. August 2015

Inhaltsverzeichnis

Abbildungsverzeichnis

Tabellenverzeichnis

Abkürzungsverzeichnis

BT	Behavioural Targeting
RON	Run of Network
CPC	Cost per Click
CPM	Cost per Mille
CTR	Click-Through-Rate
FTC	Federal Trade Comission
SEA	Search Engine Advertising
SEO	Search Engine Optimizing
WOM	Word-of-Mouth

1 Einleitung

Der Onlinehandel in Deutschland ist ein kontinuierlich und stark wachsender Sektor. Für 2015 ist ein Wachstum von 12 % prognostiziert.[1] Obwohl die Ausgaben für Onlinewerbung stetig ansteigen, ist der Trend zu erkennen, dass immer weniger der Anzeigen angeklickt werden.[2] Jeder Internetnutzer ist bereits an Werbebanner gewöhnt und es wird somit deutlich schwieriger, effektive Markenkommunikation zu betreiben. Aus diesem Grund werden laufend neue Methoden gesucht, die Effizienz der Werbung zu steigern und sich von Mitbewerbern abzuheben. Eine sehr gute Möglichkeit stellt die Verbesserung der Zielgruppenansprache dar.

Retargeting – die gezielte Ansprache von Kunden, die bereits den Internetshop des Unternehmens besucht haben – wird von immer mehr Werbetreibenden genutzt und als sehr erfolgversprechend angesehen. Retargeting macht bei vielen Unternehmen bereits einen Großteil ihres Werbebudgets aus. Es wird nicht nur genutzt, um die Verkaufszahlen zu erhöhen, sondern auch um Markenbewusstsein zu steigern, Kunden zu binden und soziales Engagement zu zeigen.[3]

Ebenso gewinnt Facebook zunehmend an Bedeutung im Hinblick auf die Steigerung der Markenbekanntheit und ermöglicht Unternehmen einen direkten Kundenkontakt.[4] Es ist daher unabdingbar, dass Unternehmen auch hier präsent sind. Social Media ist mittlerweile von großer Bedeutung für den Kommunikationsmix von Unternehmen. Es ist deutlich, dass sich Kunden stark von ihrem eigenen Netzwerk aus Freunden bezüglich der Kaufentscheidung beeinflussen lassen.[5] Diese Word-of-Mouth Kommunikation sollte also bei der Bewertung von Social Media Marketing eine entscheidende Rolle spielen.

Bisher herrscht keine Einigkeit über die Erfolgsmessung von Social Media Marketing. Viele Unternehmen sind daher unsicher, welche Kennzahlen für sie relevant sind.

---

[1] Vgl. HDE 2015, S. 7.
[2] Vgl. Fulgoni, Mörn 2009, S. 134.
[3] Vgl. Qualtrics, Adroll 2015, S. 3.
[4] Vgl. Nobre, Silva 2014, S. 140.
[5] Vgl. Wang, et al. 2012, S. 204 f.

Trotzdem ist das Interesse an dieser Werbeform sehr hoch und sie wird als zukunfts-trächtig angesehen.[6]

Die vorliegende Arbeit soll aufzeigen, unter welchen Umständen Retargeting mittels Facebook erfolgreich ist, welche Vorteile sich daraus ergeben und wie Unternehmen den Erfolg einer solchen Retargeting-Kampagne messen können. Grundlage hierfür sind aktuelle Journals, die der theoretischen Fundierung dienen und mithilfe derer relevante Kennzahlen für die Erfolgsmessung identifiziert wurden.

Im zweiten Abschnitt wird zunächst der Begriff des Retargeting näher erläutert und ein Überblick über Möglichkeiten des Marketings mittels Social Media gegeben. Der dritte Abschnitt veranschaulicht, dass Retargeting zu besseren Ergebnissen führt, wenn zu-sätzlich ein Rabatt gewährt wird. Im vierten Teil wird diese Erkenntnis mittels eines Experimentes verdeutlicht, sowie weitere Faktoren untersucht, welche den Nutzen von Retargeting unterstreichen. Die Daten wurden mittels logistischer Regression analysiert und bewertet. Abschließend folgen eine Empfehlung zur Nutzung des Potenzials von Retargeting und ein Fazit.

2 Verkaufsfördernde Maßnahmen im Onlinehandel

2.1 Arten der Verkaufsförderung

Die meistgenutzten Arten der Online-Werbung in Deutschland stellen E-Mail-Marketing, Display-Werbung, Social Media Marketing und Search Engine Advertising (SEA) dar.[7] E-Mail Marketing bezeichnet das gezielte Versenden von Werbemails an einen ausgewählten Personenkreis, der sich per Opt-In-Verfahren bereit erklärt hat, die-se Werbung zu empfangen. Unaufgeforderte Werbung per E-Mail hat laut einer Studie aus dem Jahre 2008 eine Conversion-Rate von unter 0,00001 %.[8]

SEA findet mittels Einblendung einer Werbeanzeige innerhalb einer Suchmaschine statt, wenn der potenzielle Kunde ein entsprechend definiertes Keyword sucht. Die

---

[6] Vgl. Rossmann 2013, S. 7 ff.
[7] Vgl. Teradata 2011.
[8] Vgl. Kanich, et al. 2008, S. 11.

Vergabe der Werbeplätze erfolgt mittels eines Gebotssystems, wodurch die beste Platzierung an den Höchstbietenden Werbetreibenden fällt.[9] Display-Werbung ist die gezielte Platzierung von grafischen Werbemitteln (Bannern), um beispielsweise die Markenbekanntheit zu steigern, oder um zusätzliche Verkäufe direkt zu erzielen.[10] In der vorliegenden Arbeit wird diese Art der Werbung mit Social Media Marketing verknüpft, um deren Effizienz zu steigern und durch zusätzliche Kennzahlen eine bessere Erfolgsmessung zu erreichen.

Für diese Formen der Werbung gibt es unterschiedliche Methoden der Zielgruppenansprache (Targeting). Die Bekanntesten sind das Geo-Targeting, Demographic Targeting, Behavioural Targeting und Retargeting. Geo-Targeting ist die Beschränkung der Anzeigenschaltung auf Personen, die sich in einem bestimmten Land oder an einem bestimmten Ort befinden, was durch das Demographic Targeting mittels zusätzlicher Einschränkungen wie Alter, Geschlecht, etc. eingegrenzt werden kann.[11]

Selbst einfache Formen des Targeting machen Werbemaßnahmen effizienter und es kann gesagt werden, dass die Wirkung der Werbung mit zunehmender Verfeinerung des Targeting ansteigt.[12] Behavioural Targeting ist die Zielgruppenauswahl nach deren Interessen oder Verhalten und ist eine der erfolgversprechendsten Varianten des Targeting. Beim Behavioural Targeting wird das generelle Surfverhalten eines Nutzers mittels Cookies analysiert und daraufhin entsprechende Werbebanner angezeigt.[13]

Im Experiment in dieser Arbeit wird Behavioural Targeting für die Kontrollgruppe eingesetzt. Deren Surfverhalten bzw. deren Interessen wurde von Facebook festgelegt anhand der Seiten, die sie mit „Gefällt mir" markiert hat. Retargeting stellt eine Art des Behavioural Targeting dar und kann als eine spezielle Form dessen angesehen werden.[14]

---

[9] Vgl. Agarwal, et al. 2011, S. 1057.
[10] Vgl. Abschnitt 3.1.
[11] Vgl. Marsh, P. 2013.
[12] Vgl. Manchanda, et al. 2006, S. 106.
[13] Vgl. Alrec, Settle 2007, S. 11.
[14] Vgl. Beales 2010, S .21.

2.2 Retargeting im Onlinehandel

2.2.1 Definition und Funktionsweise

Retargeting ist eine neue Form der Zielgruppenansprache mittels Bannerwerbung im Internet. Das Werbebanner wird gezielt Personen angezeigt, die den Internetshop des Unternehmens bereits besucht haben. Bis vor Kurzem war diese Werbeform nur über ein 3. Unternehmen möglich, welches als Intermediär zwischen dem Unternehmen und der Werbeplattform fungierte, da spezielle Software benötigt wurde. Seit Ende 2013 kann jeder Werbetreibende die Option des Retargeting über Facebook direkt nutzen.[15]

Facebook stellt hierfür einen Tracking-Code[16] zur Verfügung. Dieser wird auf jeder Seite des Internetshops implementiert, indem er in den <HEAD>-Tag eingefügt wird. So wird ein Pixel-Tag (Bildgröße 1x1 Pixel) automatisch bei Besuch jeder Seite geladen und ein Nutzerprofil erstellt, welches die besuchten Seiten enthält. Jeder Benutzer hat eine von Facebook generierte eindeutige ID, welche durch den Tag übermittelt wird.

Loggt sich der Besucher des Shops nun bei Facebook ein, wird ihm eines der vordefinierten Werbebanner angezeigt. Jede Interaktion mit dem Werbebanner wird erfasst und ermöglicht so eine Analyse des Nutzerverhaltens. Dabei ist es nicht unbedingt nötig, dass das Banner angeklickt wird, auch Käufe bzw. andere Aktionen, die nur nach dem Ansehen erfolgen, werden erfasst.

Wurde für ein Nutzerprofil ein Kauf erfasst, wird keine weitere Werbung mehr angezeigt. Es ist ebenfalls möglich zu definieren, dass Banner nur für Besucher angezeigt werden, die den Shop innerhalb eines bestimmten Zeitraumes nicht mehr besucht haben, oder nur bestimmte Seiten besucht/nicht besucht haben.

Es wird zwischen generischem Retargeting und dynamischem Retargeting unterschieden.
Beim generischen Retargeting wird für das Unternehmen oder den Internetshop an sich geworben und nicht zwischen den angebotenen Produkten differenziert. Beim dynamischen Retargeting hingegen wird genau für das Produkt bzw. die Produktgruppe gewor-

---

[15] Vgl. Freid 2013.
[16] Vgl. Anhang 1.

ben, die sich der Besucher angesehen hat.[17] Generell ist die Implementation des generischen Retargeting einfacher, da weniger Daten über den Kunden erfasst werden müssen. Facebook bietet bisher auch noch keine Option an, dynamisches Retargeting zu verwenden. Hierfür ist man weiterhin auf Drittanbieter angewiesen.

2.2.2 Rechtliche Stellung des Retargeting

Rechtlich befindet sich das Retargeting in einer Grauzone, da es bisher keine Vorgaben über die Kennzeichnungspflicht bei Verwendung dieser Werbeform gibt. Momentan weisen die meisten Verwender nur in ihren AGB darauf hin. Zwar sieht das deutsche Telemediengesetz beispielsweise die Verkürzung der IP-Adresse vor, um Anonymität zu wahren, oftmals findet die Speicherung der Daten aber im Ausland statt, wo eine Kontrolle schwer möglich ist.[18]

Die Daten für Retargeting mittels Facebook werden in den USA gespeichert. Dort hat die FTC (Federal Trade Comission) Richtlinien veröffentlicht, an die sich Webseitenbetreiber halten sollen. So soll beispielsweise eine klare Information erfolgen, wenn Cookies gespeichert werden und wofür diese verwendet werden, sowie die Möglichkeit gegeben sein, der Nutzung der Daten zu widersprechen. Wird der Nutzer nicht informiert, hat die FTC auch die Möglichkeit, rechtlich gegen unfaire Praktiken vorzugehen. Es wurde daher ein Gesetzesentwurf vorgelegt, der die Entwicklung von Software unterstützen soll, mit der sich der Internetnutzer gegen jede Art des Trackings schützen kann.

Zudem soll der Nutzer informiert werden und entscheiden können welche Daten gesammelt werden.[19] Für Nutzer des Internet Explorers beispielsweise gibt es bereits einen implementierten Tracking-Schutz, der bei Bedarf eingeschaltet werden kann. Es gibt allerdings bisher keine eindeutigen Gesetze, nur den Vorschlag, dass sich die Werbeindustrie anhand ethischer Werte selbst regulieren soll. Oftmals wird das bereits umgesetzt, indem am oberen Rand einer Webseite auf die Verwendung von Cookies und deren Verwendung hingewiesen wird.[20]

---

[17] Vgl. Lambrecht, Tucker 2013, S. 562.
[18] Vgl. Puscher 2011.
[19] Vgl. Do-Not-Track Online Act of 2013.
[20] u.A. Paypal.de, ebay.de.

2.2.3 Retargeting im Kontext des Customer Journey

Der Customer Journey beschreibt den Weg, den eine Person beschreitet, bis sie eine Dienstleistung in Anspruch nimmt oder einen Artikel kauft. Der Customer Journey startet im Allgemeinen mit einem Bedürfnis einer Person und endet mit der Befriedigung dieses Bedürfnisses durch den Kauf. Geprägt sind die verschiedenen Stationen des Customer Journeys durch die Erwartungen und Ansprüche der Person. Die Erstellung eines Customer Journey Modells ist eine visuelle, prozessorientierte Methode, mit deren Hilfe die Berührungspunkte des Kunden mit dem Unternehmen dargestellt werden sollen.[21]

Es existieren viele verschiedene Ansätze, diesen Customer Journey abzubilden und unterschiedliche Meinungen über die Wichtigkeit der einzelnen Stationen. Das Ziel der Erstellung eines Customer Journeys ist es, die Bedürfnisse der Kunden richtig einzuschätzen und auf diese einzugehen. Im Verlaufe des Journeys verändert sich der Wert des Kunden. Am Ende des optimalen Customer Journeys wäre der Kunde ein loyaler Kunde, der seine Käufe ungern bei einem anderen Unternehmen tätigen würde.[22] Damit hat er den höchsten Wert für ein Unternehmen erreicht. Die folgende Abbildung verdeutlicht den Customer Journey im E-Commerce:

Abbildung 1: Retargeting innerhalb des Customer Journeys. [23]

Zu Beginn des Customer Journeys wird der Kunde mittels Search Engine Optimizing (SEO) durch die organische Suche, oder durch bezahltes Search Engine Advertising (SEA) bzw. andere Promotions auf die Seite aufmerksam. Auf der Seite angekommen, sucht der Kunde das gewünschte Produkt und informiert sich über dessen Beschaffen-

---

[21] Vgl. Nenonen, et al. 2008, S. 5 f.
[22] Ebd., S. 5 f.
[23] Eigene Darstellung nach Mangiaracina, et al 2009, S. 4 ff.; Nenonen, et al. 2008, S. 5 f.; Chiu, et al 2009, S. 765.

heit und den Preis.[24] Er entscheidet sich für den Kauf und kommt mit der Kaufabwicklung in Form von angebotenen Zahlungsarten und der Registrierung als Kunde oder Gast in Kontakt. Wenn der Kunde den Kauf abgeschlossen hat, erfolgt eine Evaluation des Produktes und des Service. Wichtige Punkte hierbei sind unter anderem die Sicherheit der Daten, Verfügbarkeit des Systems, Fulfillment (gesamter Prozess der Verkaufsabwicklung im E-Commerce)[25] und Kontaktmöglichkeiten.[26]

Retargeting setzt nicht zu Beginn des Customer Journeys ein. Zu Beginn wird eine breitere Zielgruppe angesprochen, um potenzielle Kunden aufmerksam zu machen. Retargeting richtet sich an Personen, die den Customer Journey an einem der Punkte 2–4 der Abbildung 1 abgebrochen und die Seite verlassen haben. Mit Google Analytics kann der Customer Journey für den Werbetreibenden mittels Flussdiagrammen anschaulich dargestellt werden.[27] So ist genau ersichtlich, ob der Kunde den Shop beispielsweise direkt nach der In-Site-Suche verlassen hat, oder erst bei Auswahl der Zahlungs- oder Versandmöglichkeiten. Die Verweildauer auf den entsprechenden Seiten wird ebenfalls dargestellt.

Für den Kaufabbruch kann es unterschiedliche Gründe geben, wie zum Beispiel einen Mangel an Informationsqualität, Benutzerfreundlichkeit der Seite, Servicemängel oder ein zu hoher Preis. Die vorliegende Arbeit soll verdeutlichen, dass diese Personen mittels Retargeting angesprochen werden können und durch einen auf diese Weise angebotenen Rabatt doch noch ein Kauf zustande kommen kann.[28]

2.3 Marketing mittels Social Media

75 % aller Internetnutzer benutzen auch Social Media. Facebook kann dabei ohne Weiteres als wichtigster Social Media Kanal bezeichnet werden, da 92 % aller Social Media Nutzer Facebook verwenden.[29] In Deutschland nutzen etwa 20–25 Millionen volljährige Menschen Facebook.[30] Die Bedeutung für den Verkaufsprozess eines Unternehmens

---

[24] Vgl. Mangiaracina, et al. 2009, S. 4 f.
[25] Vgl. Gabler Wirtschaftslexikon 2015.
[26] Vgl. Chiu, et al. 2009, S. 765.
[27] Vgl. Anhang 2.
[28] Vgl. Abschnitt 3.3 u. 3.4.
[29] Vgl. Social Media Atlas 2013.
[30] Vgl. Allfacebook.de 2014.

steht also außer Frage. Viele Unternehmen sehen sich mittlerweile durch Konkurrenz-druck gezwungen, auch Social Media für ihre Marketing-Aktivitäten zu nutzen. Einer Umfrage unter Marketing-Managern zufolge planen 81 % eine Investition im Bereich sozialer Netzwerke.[31]

Social Media ermöglicht dem Unternehmen eine Zwei-Wege-Kommunikation mit dem Kunden. So kann Feedback gesammelt werden und das Marketing kann besser auf die Ansprüche des Kunden zugeschnitten werden.[32] Social Media ist nicht nur relevant, um einen Kaufabschluss zu erzielen, sondern kann den ganzen Kaufprozess inklusive der Nachbetreuung unterstützen. Es ist wichtig, dass das Unternehmen identifiziert, was genau sich der Kunde vom Social-Media-Auftritt des Unternehmens verspricht.[33]

Es ist belegt, dass ein Unternehmen durch die Nutzung von Social Media Kanälen die Kaufabsicht der Kunden beeinflussen kann. Diese steigt an durch die bloße Präsenz auf einer Social Media Plattform, Werbung innerhalb dieser und den Einfluss, den das Un-ternehmen auf der Plattform hat. Den mit Abstand größten Einfluss hat die Werbung innerhalb von Social Media.[34] Allerdings ist darauf zu achten, sich nicht nur auf reine Werbemaßnahmen für Produkte zu konzentrieren, sondern das Marketing ganzheitlich zu betreiben. Dazu zählt das schnelle Beantworten von Kundenfragen, Eingehen auf Kritik, exklusive Vorteile für „Fans" der Facebook-Seite und auch das Bereitstellen von Informationen über die Branche, in der das Unternehmen aktiv ist.[35] In diesem Punkt sind sich alle Autoren einig, die sich mit der Nutzung von Social Media für Unterneh-men befasst haben: Das Engagement des Unternehmens muss über einfache Werbung hinausgehen und kreative Wege müssen beschritten werden, um das Medium richtig zu nutzen und das Interesse der Kunden zu wecken.

Es hat sich gezeigt, dass der Mensch immer empfänglich für kaufrelevante Informatio-nen ist. Dieser Zustand wird von einigen Autoren als „passive shopping" bezeichnet. Das führt dazu, dass Werbung unbewusst beim Surfen aufgenommen werden kann.[36] So

---

[31] Vgl. Tiago, Veríssimo 2014, S. 706.
[32] Ebd., S. 705.
[33] Vgl. Andzulis, et al. 2012, S. 309 ff.
[34] Vgl. Dhara, Kumar 2014, S. 796.
[35] Vgl. Gamboa, Goncalves 2014, S. 716.
[36] Vgl. Austin 2013.

kann die Präsenz in seinem sozialen Umfeld wie Facebook durch Kommentare oder Empfehlungen von Freunden einen großen Einfluss haben.

Werbung für das Unternehmen kann auch von Kundenseite kommen, wenn eine Facebook-Seite als Forum zur Verfügung steht, in welchem der Kunde seine positiven Erfahrungen mit der Marke kommunizieren kann.[37] Die Zufriedenheit des Kunden steht an erster Stelle für eine positive Markenkommunikation in sozialen Netzwerken. Zufriedene Kunden empfehlen das Produkt mit einer größeren Wahrscheinlichkeit anderen Nutzern.[38]

Um diese positive Word-of-Mouth Kommunikation noch besser nutzen zu können, sollte das Unternehmen an einflussreiche Facebook-Nutzer herantreten, die thematisch passende Gruppen betreiben, um die Werbebotschaft effizienter verbreiten zu können. So erhält diese mehr Glaubwürdigkeit und wird mit größerer Wahrscheinlichkeit an Freunde der Empfänger weitergegeben. Dadurch steigen positive Markeneinstellung und Kaufabsicht.[39]

Ein weiterer Vorteil, der sich ergibt, wenn Marketing mittels Social Media betrieben wird, ist die Kostenersparnis. Neben den kostenpflichtigen Werbemaßnahmen, die in der vorliegenden Arbeit gewählt wurden, sind das Betreiben der Facebook-Seite und die Interaktion mit den Benutzern kostenlos. Auf diese Weise ist es – sofern die Seite richtig genutzt wird – einfach, ein positives Bild zu vermitteln. Daher ist es wichtig, dass ein Plan aufgestellt wird, wie mit den Kunden interagiert werden soll und eine genaue Überwachung des Social Media Engagements stattfindet.[40]

Gerade für Unternehmen, die bereits eine gute Platzierung bei der organischen Suche haben, können durch traditionelles Suchmaschinenmarketing hohe unnötige Kosten entstehen, da die Kunden auch ohne Werbung auf die Seite des Unternehmens geklickt hätten.[41] Hier bietet Social Media Marketing eine gute Möglichkeit, neue Kunden anzusprechen.

---

[37] Vgl. Powers, et al. 2012, S. 488.
[38] Vgl. Barreto 2014, S. 647.
[39] Vgl. Yang 2012, S. 57.
[40] Vgl. Andzulis, et al. 2012, S. 312.
[41] Vgl. Li, Kannan 2014, S. 54.

Nachteile dieser öffentlichen Kommunikation mit den Kunden sind negative Kommentare und Beschwerden auf der Facebook Seite, auf die schnell reagiert werden muss.[42] Unternehmen tendieren daher dazu, immer mehr Mitarbeiter für die Betreuung sozialer Netzwerke einzusetzen. Dieser Bereich wird als enorm wichtig angesehen und sollte deshalb auch nicht ausgelagert werden.[43] Das führt zu höheren Personalkosten.

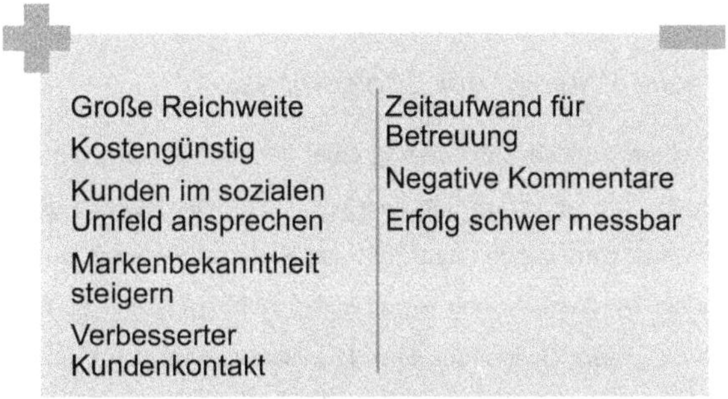

Große Reichweite	Zeitaufwand für Betreuung
Kostengünstig	Negative Kommentare
Kunden im sozialen Umfeld ansprechen	Erfolg schwer messbar
Markenbekanntheit steigern	
Verbesserter Kundenkontakt	

Abbildung 2: Pro und Kontra des Social Media Marketings

Der Erfolg des Social Media Marketing ist nicht einfach zu messen, da viele Faktoren eine Rolle spielen, wie bspw. Loyalität, Kundenzufriedenheit und Vertrauen,[44] die sich nur schwer erfassen lassen. Aus diesem Grund ist es verständlich, dass immer noch viele Unternehmen den Eintritt in dieses Feld scheuen. Trotzdem scheinen die positiven Möglichkeiten zu überwiegen, weswegen bei einer Umfrage der Universität St. Gallen auch nur 5 % der befragten Executives Social Media als nicht wichtig eingestuft haben.[45]

2.4 Erfolgsmessung von Online-Marketing

Eine einheitliche Messmethode für den Erfolg von Online-Marketing existiert nicht. Viele Ansätze werden dabei verfolgt, abhängig davon, welches Werbeziel ein Unternehmen verfolgt und auch welche technischen Möglichkeiten zur Verfügung stehen. Um den Erfolg einer Facebook-Werbekampagne zu messen, ist es ratsam, traditionelle

[42] Vgl. Nobre, Silva 2014, S. 148.
[43] Vgl. Tiago, Verissimo 2014, S. 706.
[44] Vgl. Gamboa, Goncalves 2014, S. 715.
[45] Vgl. Rossmann 2013, S. 9.

Methoden der Erfolgsmessung mit den spezifischen Kennzahlen der Facebook-Werbung zu kombinieren. Auf diese Art ergibt sich ein ganzheitlicheres Bild, da diese Kennzahlen wie nachfolgend dargestellt, einen Einblick in die Einstellung des Konsumenten zum Produkt ermöglichen, welche sich nicht einfach an bloßen Klicks oder Käufen ablesen lässt.

2.4.1 Klassische Kriterien der Erfolgsmessung

Naheliegend erscheint zunächst, den Erfolg einer Werbekampagne nur anhand der Conversions zu messen, die sie erzielt hat, also wie viele neue Kunden gewonnen werden konnten. Auch wenn Conversions natürlich das Ziel sind, würden auf diese Art viele andere Aspekte der Markenkommunikation außer Acht gelassen, die für ein Unternehmen ebenfalls von großer Bedeutung sind. Die Betrachtung sollte langfristig erfolgen und nicht nur den Conversions Beachtung geschenkt werden, die kurzfristig erzielt werden.[46]

Wichtig ist auch, die Kosten einer Werbekampagne zu überwachen und ins Verhältnis zum Erfolg dieser zu setzen. Die zwei am weitesten verbreiteten Preismodelle für Online-Werbung sind CPC (Cost-per-Click) und CPM (Cost-per-Mille). Wird über CPC abgerechnet, muss an die Werbeplattform für jeden Klick auf die Anzeige gezahlt werden, bei CPM erfolgt die Zahlung für je 1000 Impressionen der Anzeige. Welches dieser Modelle gewählt wird, hängt vom Werbetreibenden und dessen Ziel ab. Sowohl Google als auch Facebook empfehlen bei Erstellung der Werbeanzeigen für Werbetreibende, deren Ziel Markenbekanntheit ist, das CPM-Abrechnungs-Modell aufgrund der größeren Reichweite zu wählen und CPC, wenn direkte Verkaufsförderung das Ziel ist. Dazu kommt, dass bei der CPM-Abrechnung dem Werbetreibenden größere Freiheit gegeben ist in Bezug auf die Auswahl der Zielgruppe, wohingegen bei CPC die Werbeplattform versucht, ihren Gewinn durch das erzielen vieler Klicks zu maximieren.[47]

Als ein weiteres wichtiges Kriterium zur Erfolgsmessung einer Werbekampagne im Internet werden die Klicks herangezogen, die ein Werbebanner erhalten hat. Daraus ergibt sich die sogenannte CTR (Click-Through-Rate). Das ist der Quotient aus Klicks

---

[46] Vgl. Yo 2009, S. 228.
[47] Vgl. Asdemir, et al. 2012, S. 808.

und Anzahl der Auslieferungen des Werbebanners. Nach dem Klick steigen sowohl Werbe- als auch Markenbewusstsein und die Kaufabsicht der Person an.[48] Ein Klick auf die Anzeige spricht also für Interesse an dem Produkt/der Marke und somit dafür, dass die Zielgruppe richtig gewählt wurde. Aus diesem Grund ist die CTR zur Messung der Effizienz einer Werbeanzeige geeignet.

Die Click-Through-Rate sollte dennoch nicht als einziges Kriterium genutzt werden. Es wurde bewiesen, dass eine Anzeige bereits eine Wirkung zeigt, wenn sie nur angesehen wird.[49] So kann allein die Einblendung eines Werbebanners Markenbewusstsein verbessern, die Einstellung zur Marke verändern und diese in den Kaufentscheidungsprozess einbinden, selbst wenn dieses nicht angeklickt wird.[50] Die in den meisten Studien verwendete Methode zur Feststellung weiterer Effekte der Anzeige wurde mittels Befragungen durchgeführt. Diese Messung ist in der Praxis schwer umsetzbar. Im Folgenden sollen daher Kriterien vorgestellt werden, die neben Conversions und CTR eine Aussage über die Effizienz einer Social Media Kampagne zulassen und von der Plattform zur Verfügung gestellt werden.

2.4.2 Spezifische Kriterien des Facebook-Marketings

Zum jetzigen Zeitpunkt gibt es keine allgemeingültigen Messverfahren. In einer Studie der Universität St. Gallen wird deutlich, dass die Mehrheit der Unternehmen zur Bewertung ihrer Social Media Kampagnen die von der Plattform angebotenen Übersichtsmöglichkeiten nutzen. 88 % der Unternehmen nutzen die Reichweite einer Anzeige und die damit verbundenen Kosten zur Analyse. Daneben nutzen 52 % der Unternehmen zusätzlich die Interaktion mit der Werbeanzeige zur Messung deren Effizienz. Dazu werden Maßzahlen wie Fans, Klicks, Kommentare, Teilen der Anzeige und Ähnliches verwendet. Nur 9 % nutzen die Conversions zur Erfolgsmessung.[51] Das spricht dafür, dass die meisten Unternehmen mit Social Media eher eine Branding-Strategie verfolgen oder für besseren Kundenkontakt sorgen wollen. Eine geeignete Erfolgsmessung sollte daher auch Kennzahlen umfassen, mit denen sich solche Faktoren, die nicht direkt zu Verkäufen führen, miteinbezogen werden.

---

[48] Vgl. Zenetti, et al. 2014, S.25.
[49] Vgl. Beerli-Palacio 2012, S. 435 f.
[50] Vgl. Yo 2009, S. 240 f.
[51] Vgl. Rossmann 2013, S. 22 ff.

„Gefällt-mir"-Angabe

Jedes Unternehmen kann kostenlos eine Seite bei Facebook erstellen, welche von den Facebook-Nutzern mit „Gefällt mir" markiert werden kann. Diese Nutzer werden üblicherweise als Fans der Seite bzw. des Unternehmens bezeichnet.[52] Über die Werbeanzeige kann durch Klick auf den Titel direkt zur Facebook-Seite gewechselt werden bzw. diese direkt über die Anzeige mit „gefällt-mir" markiert werden. Es ist ebenfalls möglich, nur die Werbeanzeige zu markieren.

Die Modemarke Zara hat ca. 19 Millionen Fans auf Facebook. In einer Studie konnte anhand dieser Facebook-Seite belegt werden, dass Fans der Seite eine höhere Loyalität zur Marke aufweisen als Nicht-Fans. Es wurde eine Umfrage durchgeführt und nach den Einstellungen von Fans und Nicht-Fans gefragt in Bezug auf: Zufriedenheit mit der Marke, Vertrauen, wahrgenommener Markenwert, Markenbindung und Loyalität. Nicht-Fans stellen den wahrgenommenen Wert in den Vordergrund, wohingegen Fans andere Werte in den Vordergrund stellen. So sind Vertrauen und Zufriedenheit mit der Marke für Fans von größerer Bedeutung.[53] Bei der Bewertung des Erfolgs einer Werbekampagne anhand der neu gewonnenen Fans spielt auch das Image der Marke eine Rolle, denn Luxus-Marken beispielsweise werden mit „Gefällt mir" markiert, ohne dass eine Kaufabsicht besteht, da diese Statussymbole darstellen.[54]

Die Interaktion mit der Unternehmensseite auf Facebook hat einen positiven Einfluss auf Markenbewusstsein, Word-of-Mouth (WOM) und Kaufabsicht.[55] Fans tragen in erster Linie zur Word-of-Mouth Kommunikation bei. Durch die Schaffung eines Forums kann WOM gefördert werden und der Händler erreicht ein höheres Vertrauen.[56] Soziale Netzwerke erweitern den Kreis an Personen, denen wir vertrauen. Waren früher nur enge Freunde und Familienmitglieder für Word-of-Mouth Kommunikation verantwortlich, stellen nun die Fans einer Unternehmensseite eine ganz neue Basis für diese Kommunikation dar.[57]

---

[52] Vgl. Lipsman, et al. 2012, S. 43.
[53] Vgl. Gamboa, Goncalves 2014, S. 714 f.
[54] Ebd., S. 716.
[55] Vgl. Hutter, et al. 2013, S. 345 f.
[56] Vgl. Awad, Ragowsky 2008, S. 113 f.
[57] Vgl. Powers, et al. 2012, S. 481.

Die Anzahl an Fans, die eine Werbeanzeige generieren kann, ist also ein wichtiges Indiz für den Erfolg dieser Anzeige. Was aber oft nicht beachtet wird, ist die Reichweite, die jeder neue Fan mit sich bringt. Gemäß einer Studie von Facebook unter den Top 100 Marken Fan-Seiten bringt jeder zusätzliche Fan eine Reichweite von 34 weiteren Personen mit sich. Hieraus ergibt sich eine ganz neue Zielgruppe der Freunde der Fans, für die spezifische Werbung angezeigt werden kann. Zum einen ist das über bezahlte Werbung möglich, aber auch kostenlos durch die Interaktion mit den Fans der Seite, da deren Kommentare und „gefällt-mir"-Angaben ihren Freunden in der Neuigkeiten-Spalte auf Facebook angezeigt werden.[58] Diese soziale Reichweite ist für die Kaufentscheidung ebenfalls enorm wichtig, wie unter dem folgenden Punkt „soziale Klicks" dargestellt.

In einer Studie, bei der die Facebook-Seiten von Starbucks, Bing und Southwest untersucht wurden, konnte das unterschiedliche Klickverhalten zwischen „Nicht-Fans", „Fans" und „Freunden von Fans" deutlich gemacht werden.[59] Die folgende Abbildung zeigt, um wie viel höher die Klickwahrscheinlichkeit bei Fans und deren Freunden gegenüber Personen ohne Verbindung zum Unternehmen ist.

[58] Vgl. Lipsman, et al. 2012, S. 40 ff.
[59] Ebd., S. 50.

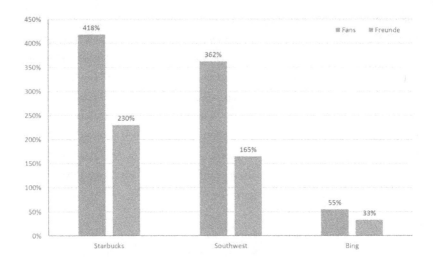

Abbildung 3: Wahrscheinlichkeit des Webseitenbesuches[60]

Soziale Klicks

Facebook bewirbt Werbeanzeigen automatisch auch in einem sozialen Kontext. Der Werbeanzeige wird also bspw. die Überschrift hinzugefügt „(Name des Freundes) gefällt:". Wird die Anzeige daraufhin angeklickt, wird das von Facebook als „sozialer Klick" erfasst.

Wang, et al. 2012 haben in ihrer Studie den Zusammenhang zwischen der Kommunikation innerhalb der Peer Group auf sozialen Plattformen und der Kaufabsicht herstellen können. Unter einer Peer Group versteht man eine soziale Gruppe von gleichaltrigen Jugendlichen. Die Mitglieder der Gruppe sind um Konformität mit den Werten und Vorstellungen der Gruppe bemüht. Das Konsumverhalten wird stark durch diese Gruppe beeinflusst.[61] So führt die konsumbezogene Kommunikation mit Gleichgesinnten zu einer positiven Produkteinstellung, welche letztlich zur Kaufabsicht führt. Moderiert wird dieser Effekt vom Bedürfnis, sich von der Masse abzuheben.

---

[60] Vgl. Lipsman, et al. 2012, S. 50.
[61] Vgl. Gabler Wirtschaftslexikon 2015.

Je stärker die Bindung innerhalb der Peer Group ist, desto stärker ist die Auswirkung auf die Produkteinstellung und Kaufabsicht. Ebenfalls bewiesen wurde die Hypothese, dass die Kommunikation innerhalb der Peer Group zu höherem Product Involvement führt.[62] Product Involvement bezeichnet die persönliche Relevanz des Produktes für die Person, basierend auf den eigenen Bedürfnissen, Werten und Interessen.[63] Dieses ist entscheiden für die Kaufabsicht des Konsumenten und bildet die Grundlage für Retargeting.

Je enger die Beziehung zwischen den Personen ist, desto wahrscheinlicher kann sich die Person, welche die Werbebotschaft empfängt, später an diese erinnern.[64] Es kann davon ausgegangen werden, dass die Bindung zu Personen, die auf Facebook als Freunde gekennzeichnet sind, stark ist und Einfluss auf die Kaufabsicht hat. Der Einfluss der Meinung von Freunden auf die Kaufentscheidung wurde auch außerhalb der virtuellen Umgebung bereits untersucht. Hier wurde ebenfalls eine starke Auswirkung auf die Kaufentscheidung festgestellt. Huang, Wang 2012 empfehlen daher auch, bei Werbemaßnahmen auf diesen Aspekt zu achten.[65]

Nimmt man an, dass diese Anzeige im sozialen Kontext einer Empfehlung durch den Freund gleichzusetzen ist, ergibt sich ein ähnliches Bild. In einer Umfrage unter mehr als 12.000 Konsumenten in England und den USA gaben 80 % der Befragten an, dass sie neue Dinge ausprobieren aufgrund der Empfehlungen ihrer Freunde. 74 % gaben an, dass sie durch Social Media selbst Freunde dazu anregen, neue Produkte zu testen.[66]

Aus diesen Erkenntnissen lässt sich schließen, dass ein „sozialer Klick" von größerer Bedeutung für die Kaufentscheidung ist, als ein Klick, der nicht durch eine Verbindung zu einem Freund entstanden ist. Eine Werbeanzeige, die mehr solcher Klicks erzeugt, sollte also einen größeren Erfolg haben.

---

[62] Vgl. Wang, et al. 2012, S. 204 f.
[63] Vgl. Zaichkowsky 1985, S. 342.
[64] Vgl. Hofmann 2013.
[65] Vgl. Huang, Wang 2012, S. 564; Prendergast, et al. 2010, S. 701 f.
[66] Vgl. Olenski 2012.

Organische Reichweite

Organische Reichweite gibt die Zahl an Personen an, die ein Beitrag einer Facebook-Seite erreichen kann. Im Gegensatz dazu steht die bezahlte Reichweite, die sich nach dem Budget richtet, das der Werbetreibende bereit ist auszugeben. Ziel von Facebook-Werbung sollte es also immer sein, mittels der Gestaltung dieser bezahlten Werbung die organische Reichweite zu vergrößern. Dazu sollte diese möglichst interessant und interaktiv sein, um die erreichten Personen dazu zu bringen, den Beitrag zu teilen oder die Facebook-Seite mit „Gefällt mir" zu markieren. Die organische Reichweite war lange Zeit einer der Key-Performance-Indikatoren für eine Facebook-Seite. In letzter Zeit kommt es aber zu einem Absinken der organischen Reichweite bei allen Werbetreibenden. Es wird geschätzt, dass die durchschnittliche organische Reichweite von 16 % auf nur noch 6 % gefallen ist.[67] Facebook gibt an, dass einer der Hauptgründe dafür die Zunahme an Content auf der Plattform ist und somit viele Seiten um die Plätze im Neuigkeiten Feed der Nutzer konkurrieren.[68]

3 Einflüsse auf das Käuferverhalten im Onlinehandel

3.1 Auswirkungen von Banner-Werbung auf die Einstellung des Konsumenten

Im Jahr 2014 lagen die Nettowerbeinvestitionen in Banner-Werbung im Internet bei 1,58 Milliarden Euro. Im Jahr 2015 wird ein weiterer Anstieg um 6,5 % erwartet.[69] Diese Art der Werbung stellt mittlerweile einen Großteil der Gesamtwerbeausgaben eines Unternehmens dar und eine effiziente Gestaltung der Werbung ist somit von immenser Bedeutung.

Cho 2003 konnte bei einer Befragung von 756 Internetnutzern wichtige Faktoren identifizieren, welche die Durchklickrate eines Werbebanners beeinflussen. Untersuchte Faktoren waren die Einstellung zur Seite, auf der die Werbung angezeigt wird, die Einstellung zu Werbung als solcher, die Kongruenz zwischen beworbenem Produkt und der Seite, auf der die Werbung angezeigt wird sowie das Involvement der Person mit dem

---

[67] Vgl. Burnham 2014.
[68] Vgl. Boland 2014.
[69] Vgl. OVK 2015, S. 5.

beworbenen Produkt. Involvement konnte als wichtigste Einflussgröße identifiziert werden. Ein Konsument, der hohes Involvement mit dem Produkt aufweist, will sich mit größerer Wahrscheinlichkeit durch den Klick auf die Werbung weiter über das Produkt informieren.[70] Das Konzept des Involvements wird von vielen Studien aufgegriffen und auch in der vorliegenden Arbeit zur Erklärung der höheren Kaufwahrscheinlichkeit beim Retargeting herangezogen. Ein weiterer wichtiger Faktor für den Erfolg der Werbebanner ist die Einstellung des Konsumenten zur Seite, auf der die Werbung präsentiert wird. Hat er eine positive Einstellung zu dieser Seite, wird diese positive Einstellung eher auf die Werbung übertragen. Das zeigt sich ebenfalls an höheren Klickraten.[71]

In einem Experiment, bei welchem Internetnutzern verschiedene Arten von Werbebannern gezeigt wurden, hat man die Effizienz von Banner-Werbung untersucht. Ausgewertet wurden Daten von über 500 Webseiten, auf denen Werbung gezeigt wurde. Die Nutzer dieser Seiten entsprechen der durchschnittlichen Demografie von Nutzern des Internets im Allgemeinen. Es konnte festgestellt werden, dass sich lange Texte, übermäßig auffällige Farben und Animationen der Anzeige, negativ auf deren Effizienz auswirken.[72] Werbung dieser Art wird vom Besucher der Seite weniger wahrgenommen oder als störend empfunden.

Eine Umfrage unter mehr als 60.000 Internetnutzern ergab, dass störende Werbung für ca. 77 % der Grund ist, eine Internetseite nicht mehr zu nutzen.[73] Ziel der Werbung ist es, Interesse beim Betrachter zu wecken und ihn zu animieren, die Werbung anzuklicken. Das wird beispielsweise erreicht, wenn es einen „Call-to-action" gibt, der den Kunden auffordert, etwas zu tun. Hinweise auf die Qualität des Angebotes sollten erfolgen, aber eher vage gehalten werden.[74]

Werbebanner können allerdings auch ohne dass sie angeklickt werden bereits einen positiven Effekt auf die Einstellung des Konsumenten haben. Wurde die Anzeige gesehen, kann das dazu führen, dass die präsentierte Marke in den Kreis der Marken aufgenommen wird, welche für die Kaufentscheidung des Kunden in Betracht kommen (conside-

---

[70] Vgl. Cho 2003, S. 203.
[71] Vgl. Cho 2003, S. 209 f.
[72] Vgl. Lohtia, et al. 2007, S. 369 f.
[73] Vgl. Internet World Business 2014, S. 9.
[74] Vgl. Atkinson, et al. 2014, S. 28.

ration set). Unbewusst kann diese dem Kunden vertrauter erscheinen, da er durch das Sehen der Anzeige bereits mit ihr in Kontakt kam.[75] Bannerwerbung kann als Brand Building Tool eingesetzt werden und als Erinnerung des Kunden. Daher ist diese Werbeform nicht nur kurzfristig zu betrachten, sondern führt auch langfristig zu einer erhöhten Kaufwahrscheinlichkeit. Allerdings nimmt mit zunehmender Wiederholung die Wirkung ab.[76]

3.2 Auswirkungen von Retargeting auf das Käuferverhalten

Zum jetzigen Zeitpunkt gibt es wenige Studien, die sich gezielt auf den Erfolg von Retargeting bezüglich der Kundengewinnung konzentrieren, da diese Art der Werbung relativ neu ist. Beales 2010 untersuchte die Effizienz dieser Werbeform anhand der Daten von 12 Werbenetzwerken, darunter 9 der Top 15 weltweit. Die Conversion-Rate wurde allerdings nur für Behavioural Targeting (BT) dargestellt, da für Retargeting zu wenig Daten für einen schlüssigen Vergleich vorhanden waren, wobei Beales aber darauf hinweist, dass die Conversion-Rate für Retargeting sehr hoch war.[77]

	Q1 2009	Q2 2009	Q3 2009	Q4 2009	FULL YEAR 2009
AVERAGE CPM (WEIGHTED BY BT REVENUE)					
Run of Network	$1,94	$1,98	$1,89	$2,06	$1,98
BT	$4,09	$4,22	$4,07	$4,11	$4,12
Retargeting	$3,00	$3,12	$3,13	$3,02	$3,07
BT Avg. Relative Price Over RON Ads (X Greater)	2,77	2,71	2,79	2,46	2,68
Retargeting Avg. Relative Price Over RON Ads (X Greater)	1,98	1,84	2,11	1,59	1,88
AVERAGE CONVERSION RATE					
Run of Network	2,1%	3,6%	2,2%	3,1%	2,8%
BT	5,5%	8,8%	6,4%	6,6%	6,8%
REVENUES					
Total Ad Revenue ($ Million)	$708	$780	$795	$1040	$3.323
Percentage Attributable to BT (Aggregated Across Firms)	16,2%	17,2%	18,3%	19,4%	17,9%
Avg. % of Display Ad Revenue Used for Inventory Costs	54,7%	56,9%	53,0%	53,6%	54,6%
Avg. % of Display Ad Revenue Used for Data Costs	8,5%	8,8%	9,1%	9,4%	8,9%

Tabelle 1: Vergleich der Werbekosten der Targetingarten[78]

Zu erkennen ist, dass zwar die CPM (Kosten für 1000 Impressionen der Werbeanzeige) fast doppelt so hoch sind wie die klassische ungerichtete Werbung RON (Run of Net-

---

[75] Vgl. Mitchell 2002, S. 257.
[76] Vgl. Manchanda, et al. 2006, S. 105.
[77] Vgl. Beales 2010, S. 12.
[78] Vgl. Beales 2010, S. 3.

work), allerdings ist auch die Rate der Conversions deutlich höher. Beales erklärt das dadurch, dass der Kunde durch die Werbung genau mit dem Produkt in Kontakt kommt, das für ihn von Interesse ist.[79] Mit steigendem Involvement mit dem Produkt steigt auch die Effizienz einer Werbeanzeige. Für Kunden steigt damit die Relevanz einer Werbeanzeige. Sie klicken diese mit erhöhter Wahrscheinlichkeit an, der Wiedererkennungswert und die Kaufabsicht sind höher.[80] Im Kontext des Retargeting kann von einem hohen Involvement ausgegangen werden, da der Kunde die Seite bereits besucht hat.

Eine genauere Untersuchung, unter welchen Umständen Retargeting erfolgreich ist, wurde von Lambrecht, Tucker 2013 durchgeführt. Besuchern einer Seite, die Reisen verkauft, wurde Werbung mittels zwei verschiedener Formen von Retargeting angezeigt. Insgesamt waren 77.937 Personen Teil des Experiments. Es wurde unterschieden zwischen generischem Retargeting, bei dem die Werbeanzeige für das Unternehmen generell wirbt und dynamischem Retargeting, bei dem für ein spezifisches Produkt geworben wird, das sich der Kunde angesehen hat. Die Ergebnisse wurden zudem noch mittels einer Befragung überprüft. Die Untersuchung hat ergeben, dass generisches Retargeting generell zu mehr Verkäufen führt. Nur wenn der Kunde sich nach dem Besuch der Internetseite weiter über das Produkt informiert hat und nun genauere Vorstellungen davon hat, ist dynamisches Retargeting effektiver.[81]

Obwohl Retargeting generell erfolgversprechend scheint, gibt es auch negative Auswirkungen dieser Werbeform auf das Käuferverhalten, die nicht außer Acht gelassen werden dürfen. Geht man davon aus, dass es sich bei Retargeting um ein spezielles Angebot für den Kunden handelt, muss die Verwendung der Daten vom Kunden als gerechtfertigt angesehen werden, damit das personalisierte Angebot keine negative Wirkung hat.[82]

Zwar sind Kunden oft informiert über diese Form des Trackings bei Besuch einer Internetseite, dennoch sind sie der Meinung, dass ihre Daten vertraulich behandelt und nicht für Werbezwecke verwendet werden sollten. Aus diesem Grund ist das Löschen von Cookies auch bereits weit verbreitet, da auf diese Weise ein weiteres Sammeln von Da-

---

[79] Ebd., S. 18.
[80] Vgl. Beerli-Palacio 2012, S. 432.
[81] Vgl. Lambrecht, Tucker 2013, S. 574.
[82] Vgl. White, et al. 2008, S. 47 f.

ten verhindert wird.[83] Handelt es sich um sensible Daten, führt personalisierte Werbung zu einer Verschlechterung des Verhältnisses zwischen Kunde und Verkäufer.[84]

Nachteile für den Werbetreibenden entstehen, wenn der Kunde nicht informiert wird, welche seiner Daten verwendet werden. Retargeting stellt eine Form des speziellen Behavioural Targeting dar.[85] Mit zunehmender Verwendung der Daten für Behavioural Targeting steigt das vom Kunden empfundene Risiko und damit sinkt die wahrgenommene Fairness des Onlineshopping-Angebots. Das kann zu einem Verlust des Vertrauens des Kunden führen, wenn dieser die Verwendung seiner Daten durch den Händler als unfair ansieht.[86] Die wahrgenommene Fairness wirkt sich unter anderem positiv auf die Absicht, erneut bei dem Händler zu kaufen, aus. Verwendet der Händler die Daten ungefragt zum Zwecke des Behavioural Targeting, steigt die wahrgenommene Unfairness und wirkt sich somit negativ auf die Wahrscheinlichkeit aus, dass der Kunde erneut einkauft.[87] Aus diesem Grund haben Nill, Aalberts 2014 auf Basis der Richtlinien der Federal Trade Comission Vorgaben erstellt, die einen legal und ethisch korrekten Umgang mit den gewonnen Daten ermöglichen sollen.[88]

3.3 Wichtige Einflussfaktoren der Kaufentscheidung

Der Preis kann nicht als einziger Grund für die Kaufentscheidung gesehen werden, da der Kunde im E-Commerce von vielen Faktoren beeinflusst wird. In welchem Ausmaß das geschieht, ist auch stark von der Persönlichkeit des Nutzers abhängig und welche Einstellung er beim Surfen im Internet hat.[89] Trotzdem gibt es einige Faktoren, die für alle Kunden von großer Bedeutung sind. Die wichtigsten sollen im Folgenden kurz dargestellt werden. Als wichtig wurde ein Faktor angesehen, wenn er in mehr als einer Studie untersucht wurde. Zudem wurden die aufgeführten Punkte bei einer Umfrage unter ca. 60.000 Internet-Nutzern ebenfalls als Hauptgründe für das Verlassen einer Webseite bzw. den Abbruch eines Einkaufes angegeben.[90]

---

[83] Vgl. Alrec, Settle 2007, S. 19 ff.
[84] Vgl. Puzakova 2013, S. 530 f.
[85] Vgl. Beales 2010, S. 21.
[86] Vgl. Jai 2010, S. 90.
[87] Vgl. Jai 2013, S. 906.
[88] Vgl. Nill, Aalberts 2014, S. 137.
[89] Vgl. Bressolles, et al. 2014, S. 893.
[90] Vgl. Internet World Business 2014, S. 9.

Security/Privacy

Der sichere Umgang mit den Daten des Kunden ist für die Kaufabsicht des Kunden von Bedeutung. Viele Internetnutzer sind besorgt über den Umgang mit ihren Daten. Mit zunehmender Internetnutzung und Erfahrung sinkt diese Sorge jedoch.[91] Heutzutage wird dieser sichere Umgang oftmals als Grundvoraussetzung angesehen. Ohne diese Annahme würde die Transaktion gar nicht erst zustanden kommen.[92] Vertrauen in den Händler bezüglich des sicheren Umgangs mit Kundendaten ist ein Kriterium, das eine Kaufentscheidung positiv beeinflusst. Gemessen werden kann dieses beispielsweise daran, ob Kunden bei Erstellen eines Kundenkontos ihre Telefonnummer angeben. Ist Vertrauen in den Händler nicht gegeben, sinkt die Kaufwahrscheinlichkeit.[93]

Einfachheit der Bedienung/ Qualität der Website

Eine einfache Bedienung der Webseite stellt ein wichtiges Kaufkriterium für alle Internetnutzer dar.[94] Die Webseite sollte daher übersichtlich gestaltet sein, wichtige Informationen auf einen Blick zur Verfügung stellen und eine einfache Navigation mit Suchfunktion haben. Dadurch wird die Webseite als effizient wahrgenommen, was zu einer Verbesserung der wahrgenommenen Servicequalität führt und das Vertrauen in den Händler steigt.[95] Durch eine qualitativ hochwertige Seite nimmt zudem die Wahrscheinlichkeit zu, dass der Besucher sich zu einem Impulskauf verleiten lässt.[96]

Service-Qualität

Tsao, Tseng 2011 sehen die Service-Qualität als entscheidenden Einfluss auf den Markenwert und das wahrgenommene Risiko. Hohe Service-Qualität führt zu einer Verringerung des wahrgenommenen Risikos, einem höheren Markenwert und trägt somit letztlich zur Kaufabsicht bei. Positiv auf die Service-Qualität wirken sich rechtzeitige Lieferungen, klare Rückgaberichtlinien und eine gute Informationsversorgung aus.[97] Für die Messung der Electronic Service Quality wurde eigens eine Skala entwickelt[98], die in verschiedenen Studien zum Einsatz kommt. Als besonders wichtige Einflüsse auf die

[91] Vgl. Miyazaki, Fernandez 2001, S. 38.
[92] Vgl. Rafiq, et al. 2012, S. 1169.
[93] Vgl. Van den Poel, Buckinx 2005, S. 569.
[94] Vgl. Bressolles, et al. 2014, S. 893.
[95] Vgl. Poon, Lee 2012, S. 250 f.
[96] Vgl. Wells, et al. 2011, S. 46.
[97] Vgl. Tsao, Tseng 2011, S. 1020 f.
[98] Vgl. Parasuraman, et al. 2005, S. 226.

Servicequalität haben sich die Punkte Effizienz, Fulfillment und Systemverfügbarkeit herausgestellt.[99] Servicequalität ist nicht nur wichtig für den Kauf, sondern wirkt sich ebenfalls auf andere Aspekte aus. Die Servicequalität steigert die Loyalität des Kunden. Das führt dazu, dass er die Seite öfter besucht und diese auch Familie und Freunden empfiehlt.[100]

3.4 Der Produktpreis als entscheidendes Kaufargument

Einer aktuellen Umfrage zufolge sehen die meisten Online-Shopper den Preis bei ihrer Kaufentscheidung im Vordergrund.[101] Die unter 3.3 genannten Faktoren spielen zwar ebenfalls eine wichtige Rolle bei der Kaufentscheidung, diese werden aber wie nachfolgend dargestellt vom Preis des Produktes überlagert bzw. kann eine Preisreduzierung dazu führen, dass diesen weniger Beachtung geschenkt wird.[102] Ohne genauere Befragung ist es schwer nachzuvollziehen, warum ein Kunde den Online-Shop verlassen hat. Geht man aber davon aus, dass der Kunde den Online-Shop entweder wegen eines zu hohen Preises verlassen hat oder aus einem der unter 3.3. genannten Gründe, kann ein Rabatt diese Mängel als weniger wichtig erscheinen lassen und trotzdem zu einem Kauf führen. Daher wird in der vorliegenden Arbeit mittels Retargeting den Kunden ein Rabatt angeboten.

3.4.1 Preissensibilität des Konsumenten

Bei einer Befragung im Jahre 2011 wurde festgestellt, dass sich ca. 46 % der Bevölkerung in Deutschland vor einer Kaufentscheidung mittels Preisvergleichsportalen informieren.[103] Der Preis stellt also ein sehr wichtiges Kriterium der Kaufentscheidung dar. Allerdings weist nicht jeder Kunde das gleiche Maß an Preissensibilität auf. Ein Kunde ist weniger preissensitiv, wenn er zufrieden mit dem Service des Anbieters ist.[104]

Wird dem Kunden ein Rabatt beim Online-Shopping angeboten, verbessert dies das Image des Onlineshops. Das verbesserte Image wiederum führt zu einem Anstieg der

---

[99] Vgl. Rafiq, et al. 2012, S. 1170.
[100] Vgl. Rao, Rao 2013, S. 61 f.
[101] Vgl. Macleod 2013.
[102] Vgl. Abschnitt 3.4.2.
[103] Vgl. Köcher, Bruttel 2011, S. 66.
[104] Vgl. Munnukka 2008, S. 195.

Kaufabsicht des Kunden.[105] Fagerstroma, Ghineab 2011 konnten in ihrer Studie feststellen, dass der Preis eines Produktes einer der Hauptgründe für den Kauf ist. Untersucht wurde der Einfluss des Preises in Abhängigkeit von Kaufempfehlungen. Diese wurden mittels Punktebewertung des Händlers durch andere Kunden erfasst. Es wurde festgestellt, dass sich der Preis deutlicher auswirkt als Bewertungen. Negative Bewertungen können also zumindest zum Teil durch einen niedrigen Preis relativiert werden. Der Einfluss des Preises steigt weiter, wenn der Kunde Erfahrung im Online-Shopping hat.[106] Anzunehmen ist also, dass der Preis noch vor anderen Ansprüchen des Kunden – wie bspw. der Service-Qualität – steht.

Eine weitere Untersuchung der Preissensibilität des Konsumenten liefern Xia, Monroe 2004. Die Aufteilung des Preises in einen Basispreis und zusätzliche Gebühren beeinflusst die Kaufentscheidung positiv, da der Preis vom Kunden so als geringer wahrgenommen wird. Trotzdem ist darauf zu achten, dass die Differenz nicht zu groß ist, oder es zu viele, wenn auch geringe Zusatzkosten sind, da dies als unfaire Praktik wahrgenommen wird und sich negativ auf die Kaufabsicht auswirkt. Von Vorteil hingegen ist es, dass bei Anzeige des Gesamtpreises, die Komponenten aus denen er sich zusammensetzt, wie Versandkosten und Steuern, einzeln dargestellt werden.[107]

3.4.2 Verkaufsförderung mittels Rabattaktionen

Verkaufsförderung mittels Rabatten ist einer der Hauptgründe für Impulskäufe im E-Commerce. Ein Rabatt führt zu einer erhöhten Wahrscheinlichkeit eines Impulskaufs.[108] Bei hedonistischen Produkten hat ein prozentualer Preisrabatt eine größere Wirkung im Vergleich zu anderen Formen, wie einer kostenlosen Beigabe.[109] Als hedonistisch wird ein Produkt bezeichnet, wenn es für die Person nicht unbedingt nötig ist, sondern wenn es dem eigenen Vergnügen dient. Das Gegenstück bildet das utilitaristische Produkt, auf das nicht verzichtet werden kann. Bei den im Onlineshop in der vorliegenden Arbeit angebotenen Produkten handelt es sich ausschließlich um hedonistische, nicht utilitaristische Produkte.

[105] Vgl. Faryabi, et al. 2012, S. 202.
[106] Vgl. Fagerstroma, Ghineab 2011, S. 107.
[107] Vgl. Xia, Monroe 2004, S. 71.
[108] Vgl. Xu, Huang 2014, S. 1300.
[109] Ebd., S. 1299.

Durch die Reduzierung des Preises wendet der Kunde bei Kaufentscheidung weniger gedankliche Anstrengung auf und handelt spontaner. Die Konsequenzen des Kaufs treten in den Hintergrund.[110] Andere Aspekte, die sonst wichtig für die Kaufentscheidung sind, können also eher übersehen werden, da sie vom vermeintlich günstigen Preis überlagert werden. Erhält der Kunde einen Rabatt, führt das zu einer Veränderung seiner Einstellung gegenüber der Marke. War diese vorher Teil der Marken, über die er sich noch keine Meinung gebildet hat, wird sie in den Kreis der Marken aufgenommen, die für ihn bei der Kaufentscheidung wichtig sind. Durch den Rabatt steigen Markenbekanntheit, Markeneinstellung und die Kaufabsicht.[111]

Ein weiterer interessanter Aspekt der Verkaufsförderung mittels Rabatten ist deren Auswirkung auf die Käufe nicht reduzierter Waren. Zwar besucht der Kunde den Shop aufgrund der Rabattaktion, es werden aber zusätzlich andere, nicht reduzierte Artikel, erworben. In der von Mulhern, Padgett 1995 durchgeführten Studie haben Dreiviertel der Kunden, die durch die Rabattaktion angesprochen wurde, auch noch weitere nicht reduzierte Artikel gekauft und für diese mehr Geld ausgegeben, als für die reduzierten Artikel.[112]

Die Durchführung einer Rabattaktion hat viele Vorteile. Trotzdem muss auch der Höhe des Rabatts Beachtung geschenkt werden und dieser nicht nur von wirtschaftlichen Gesichtspunkten abhängig gemacht werden. Ein zu kleiner Rabatt kann sich negativ auf das Image des Händlers auswirken, da dieser als opportunistisch angesehen wird. Ebenso kann ein zu hoher Rabatt dazu führen, dass die Qualität der Ware als minderwertig angesehen wird, wenn ein hoher Rabatt möglich ist.[113] Zwar steigt mit zunehmendem Rabatt zunächst die Kaufabsicht des Kunden, allerdings nur bis zu einem gewissen Punkt. Ab diesem ist die Annahme, dass entweder die Qualität des Produktes mangelhaft ist oder dass es sonstige Risiken in Verbindung mit dem Produkt gibt, eine Hemmschwelle. Sicherheit im Umgang mit den Daten des Kunden stellt beispielsweise ein solches Risiko dar, das der Kunde bei unüblich hohen Rabatten empfindet.[114]

---

[110] Vgl. Aydinli, et al. 2014, S. 93.
[111] Vgl. Teng 2009, S. 19 f.
[112] Vgl. Mulhern, Padgett 1995, S. 89.
[113] Vgl. Biswas, et al. 2013, S. 63.
[114] Vgl. Stoel 2014, S. 408.

26

Die Auswirkung der Höhe des Rabattes ist aber auch vom Produkttyp abhängig. Bei elektronischen Produkten ist der negative Einfluss eines hohen Rabattes größer, als beispielsweise bei einem Buch. Um die negativen Auswirkungen eines zu hohen Rabattes abzumildern, schlägt Stoel 2014 daher vor, bei Rabattaktionen diesen zu rechtfertigen durch Hinweise wie „letzter Artikel".[115]

4 Die Methodik der Untersuchung

4.1 Hypothesen

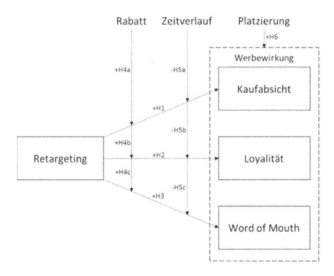

Abbildung 4: Hypothesen des Experiments

Für die Effektivität einer Werbeanzeige ist das Involvement mit dem beworbenen Produkt von sehr großer Bedeutung.[116] Im vorliegenden Fall versteht man unter Involvement die persönliche Relevanz des Produktes für die Person, basierend auf den eigenen Bedürfnissen, Werten und Interessen.[117] Durch Retargeting werden gezielt Personen angesprochen, die den beworbenen Internetshop bereits freiwillig besucht haben und nicht durch eine Anzeige o.Ä. darauf gestoßen sind. Es kann daher davon ausgegangen werden, dass ein Bedarf nach den dort angebotenen Produkten bzw. Interesse an diesen

---

[115] Ebd., S. 409.
[116] Vgl. Cho 2003, S. 202.
[117] Vgl. Zaichkowsky 1985, S. 342.

Produkten besteht. Es ist folglich Involvement mit dem Produkt vorhanden. Dieses ist höher als das Involvement der Vergleichsgruppe, welche keine genaue Kenntnis von den Produkten des Onlineshops hat und diesen noch nicht besucht hat.

Werbeanzeigen von Produkten mit hohem Involvement des Kunden führen sowohl dazu, dass sie besser in Erinnerung bleiben und die Marke positiver bewertet wird, als auch zu einem Anstieg der Kaufabsicht.[118] Ist hohes Involvement gegeben, zeigt sich das durch höhere Klickraten der Werbeanzeige.[119] Retargeting als Werbeform ist effektiver als andere Zielgruppenansprachen, da Produkte beworben werden, welche der Kunde bereits in seinen Kaufentscheidungsprozess miteinbezogen hat.[120]

Um die Kaufabsicht festzustellen, ist die Messung der durch die Anzeige erzielten Käufe (Conversions) am besten geeignet. Allerdings sind die Raten der Conversions von Online-Werbung oft gering und liefern keine genügend große Anzahl an Fällen, um ein verlässliches Ergebnis mittels logistischer Regression zu erhalten. Aus diesem Grund werden die Klicks, welche die Anzeige erhalten hat, zur Messung der Kaufabsicht herangezogen. Diese können als Vorstufe zum Kauf[121] angesehen werden, denn eine Anzeige, die mehr Klicks erhält, zeugt von einer erhöhten Kaufabsicht.[122] Die Erfolgsmessung anhand der Klicks ist noch immer, auch im Social Media Marketing, eine der am meisten genutzten Methoden.[123] Das führt zu folgender Hypothese:

H1: Retargeting des Kunden führt zu einer höheren Kaufabsicht.

Bei jeder Einblendung der Werbeanzeige innerhalb von Facebook besteht die Option, die Facebook-Seite des Unternehmens mit „Gefällt mir" zu markieren und somit Fan der Seite zu werden. Die Hypothese H2 stützt sich auf die Annahme, dass eine Person, die bereits Kenntnis von den Angeboten des Shops hat, mit höherer Wahrscheinlichkeit direkt über die Werbeanzeige Fan der Seite wird, da eine andere Person sich zuerst genauer über das Angebot informieren muss. Ein Besucher des Shops entspricht genau der Zielgruppe der Facebook-Seite. Zwei der fünf größten Gruppen, die Fans von Face-

---

[118] Vgl. Beerli-Palacio 2012, S. 432.
[119] Vgl. Cho 2003, S. 209.
[120] Vgl. Beales 2010, S. 18.
[121] Vgl. Agarwal 2011, S. 1062.
[122] Vgl. Nielsen 2001, S. 3.; Guo, Agichtein 2010, S. 135.
[123] Vgl. Rossmann 2013, S. 24.

book-Seiten ausmachen, sind potenzielle Kunden und Personen, die ein generelles Interesse an dem angebotenen Produkt/Service haben. Diese verbinden sich mit der Facebook-Seite, um in Bezug auf Produktneuheiten und Aktionen auf dem aktuellsten Stand zu bleiben.[124] Es kann davon ausgegangen werden, dass Personen der Zielgruppe Retargeting mit großer Wahrscheinlichkeit eher in eine dieser Kategorien fallen als die Vergleichsgruppe, da sie sich durch ihren vorangegangenen Besuch bereits über die Produkte informiert haben und somit zumindest ein Interesse an diesen haben. Der Hauptgrund, Fan einer Unternehmensseite bei Facebook zu werden, ist der Wunsch des Kunden, Loyalität zum Unternehmen auszudrücken.[125] Die Anzahl der neu gewonnen Fans durch eine Werbeanzeige kann also zur Messung der Loyalität der Kunden herangezogen werden. Diese Annahmen führen zu folgender Hypothese:

H2: Retargeting führt zu einer höheren Loyalität des Kunden.

Die Hypothese H3 basiert auf der Annahme, dass das soziale Umfeld von Besuchern des Shops mehr potenzielle Käufer enthält bzw. größeres Interesse an den Produkten besteht, als bei Personen, welche den Shop bisher nicht besucht haben. Nimmt man an, dass die Gruppe der Besucher des Shops die größte Kongruenz mit der idealen Zielgruppe hat, kann man darauf schließen, dass deren soziales Umfeld ebenfalls zumindest einen Teil ihrer Interessen teilt. Unterstützt wird das durch die Untersuchung von Lipsman, et al. 2012. Es wurden die Facebook-Seiten mehrerer großer Unternehmen untersucht und eine deutlich höhere Klickwahrscheinlichkeit der Freunde von Fans festgestellt, verglichen mit anderen Empfängern der Werbebotschaft.[126] Word-of-Mouth Kommunikation innerhalb von Facebook findet über das Posten oder Teilen von Beiträgen oder das Markieren einer Seite/eines Beitrags mit „Gefällt mir" statt. Diese WOM Kommunikation sollte vom Unternehmen gefördert werden, da sie großen Einfluss auf Kaufabsicht und Kundenzufriedenheit hat.[127]

Bei der vorliegenden Werbekampagne kann die Word-of-Mouth Kommunikation mittels der sozialen Klicks, die eine Werbeanzeige erhalten hat, festgestellt werden. Wie bereits für H1 dargestellt, sind höhere Klickraten ein positives Zeichen. Soziale Klicks

---

[124] Vgl. Parker 2012.
[125] Vgl. Gamboa, Goncalves 2014, S. 716.; CMO Council 2011, S. 28.
[126] Vgl. Lipsman, et al. 2012, S. 50.
[127] Vgl. Abschnitt 2.4.2.

kommen zustande, wenn die Anzeige in sozialem Kontext angezeigt wird, mit dem Zusatz, dass dieses Angebot einem der Facebook-Freunde gefällt. Es ergibt sich somit folgende Hypothese:

H3: Retargeting fördert positive Word-of-Mouth Kommunikation.

Bereits unter Punkt 3.4 der vorliegenden Arbeit wurde der Preis als entscheidendes Kaufkriterium identifiziert. Rabattaktionen senken die Hemmschwelle des Käufers und führen eher zu Impulskäufen.[128] Verschiedene Gründe wie mangelnde Servicequalität, Sicherheitsbedenken im Umgang mit den Daten des Kunden und die Bedienung der Webseite führen dazu, dass ein Kunde nicht in einem Onlineshop kauft.[129] Ein günstiger Preis kann andere Mängel wie Servicequalität oder Sicherheitsbedenken des Kunden ausgleichen, da er dazu führt, dass die Konsequenzen eines Kaufs in den Hintergrund rücken und der günstigere Preis im Vordergrund steht.[130] Das sollte also dazu führen, dass ein Besucher des Shops, der diesen ohne Kauf verlassen hat, durch eine Preisreduktion zum Kauf animiert wird.

Die Höhe des Rabattes beeinflusst die Kaufabsicht ebenfalls. Diese steigt mit der Höhe des Rabattes an. Ab einem gewissen Punkt sinkt sie jedoch wieder, da die wahrgenommene Qualität des Produktes sinkt. Jedoch ist die in der Arbeit verwendete maximale Höhe von 20 % zumeist noch förderlich.[131] Die Maßzahlen für Loyalität und Word-of-Mouth Kommunikation basieren auf der „Gefällt mir"-Angabe entweder der Person selbst oder durch deren Freunde. Diese Angabe kann als eine Art der Empfehlung an andere angesehen werden. Aus diesem Grund bietet Facebook sogar die Möglichkeit auf der eigenen Webseite statt der „Gefällt mir" Schaltfläche, den Schriftzug durch „Empfehlen" zu ersetzen.[132] Es kann also angenommen werden, dass ein Rabatt das Angebot empfehlenswerter macht. Die genannten Aspekte führen also zu folgenden Hypothesen:

H4a: Ein Rabatt wirkt sich positiv auf die Kaufabsicht aus. Ein höherer Rabatt führt zu größerer Kaufabsicht als ein niedriger Rabatt.

---

[128] Vgl. Xu, Huang 2014, S. 1300.
[129] Vgl. Abschnitt 3.3.
[130] Vgl. Aydinli, et al. 2014, S. 93.
[131] Vgl. Jensen, Drozdenko 2004.
[132] Vgl. Benton 2011.

H4b: Ein Rabatt wirkt sich positiv auf die Loyalität aus. Ein höherer Rabatt führt zu größerer Loyalität als ein niedriger Rabatt.

H4c: Ein Rabatt wirkt sich positiv auf die Word-of-Mouth Kommunikation aus. Ein höherer Rabatt führt zu mehr Word-of-Mouth Kommunikation als ein niedriger Rabatt.

Die Zielgruppe für Retargeting ist deutlich kleiner als die Vergleichszielgruppe. Das führt dazu, dass Personen in dieser Gruppe die Anzeige häufiger sehen. Das erneute Sehen einer Anzeige führt nur bis zu einem gewissen Punkt zu einer Steigerung deren Effektivität. Danach aber tritt ein Wear-out-Effekt ein, welcher sich durch sinkende Klickraten zeigt.[133] Dieser Effekt kann bereits nach dreimaligem Sehen der Anzeige auftreten.[134] Die in der vorliegenden Arbeit verwendeten Maßzahlen können alle als eine Art des Klickens angesehen werden: Normale Klicks, soziale Klicks, Klicken auf die Schaltfläche „Gefällt mir". Daher ergeben sich diese 3 Hypothesen:

H5a: Im Zeitverlauf nimmt die Auswirkung der Werbeanzeige auf die Kaufabsicht ab.

H5b: Im Zeitverlauf nimmt die Auswirkung der Werbeanzeige auf die Loyalität ab.

H5c: Im Zeitverlauf nimmt die Auswirkung der Werbeanzeige auf die Word-of-Mouth Kommunikation ab.

Bei der Betrachtung einer Internetseite werden dem eigentlichen Inhalt der Seite 83 % der Aufmerksamkeit zuteil. Bannerwerbung beispielsweise am rechten Rand erhält weniger als 1 % der Aufmerksamkeit.[135] Laut Yo 2009 ist eine Anzeige erfolgreicher in ihrer Wirkung, je mehr Beachtung ihr geschenkt wird.[136] Längere Betrachtung einer Werbeanzeige führt zu einer Verbesserung der Erinnerung an diese und einer besseren Einstellung zur Marke.[137]

---

[133] Vgl. Laroche, et al. 2006, S. 298.
[134] Vgl. Lee, et al. 2015, S. 207.
[135] Vgl. Wang, Day 2007, S. 1399.
[136] Vgl. Yo 2009, S. 236.
[137] Vgl. Lee, Ahn 2012, S. 131 f.

Bei Platzierung in der Neuigkeiten-Spalte bei Facebook ist die Anzeige direkt im Blickfeld des Betrachters. Selbst wenn eine Werbeanzeige nicht geklickt wird, ist die Wahrscheinlichkeit, diese Marke bei einer Kaufentscheidung zu berücksichtigen, größer.[138] Ein weiterer Vorteil der Platzierung in den Neuigkeiten ist, dass die Anzeige nicht direkt als solche erkannt wird, da es sich auch um etwas handeln könnte, das ein Freund gepostet hat. Dass es eine Anzeige ist, kann nur an einem kleinen Zusatz unter dem Titel (gesponsert) erkannt werden. Das kann man als eine Form des Product Placement ansehen. Product Placement bezeichnet die Integration von Marken/Werbebotschaften in Massenmedien.[139] Diese Werbeform hat zahlreiche positive Auswirkungen z.B. auf die Einstellung zur Marke, Erinnerung und Kaufabsicht.[140]

Gemessen werden kann die Beachtung, die eine Werbeanzeige erhalten hat, durch die Interaktion mit dieser. Facebook bietet dafür die Maßzahl der Handlungen, die alle Interaktionen zusammenfasst: normale/soziale Klicks, die entweder zur Facebook-Seite des Unternehmens oder in den Shop führen, sowie „Gefällt mir"-Angaben für die Seite oder die Anzeige an sich, Beitragskommentare und Teilen des Beitrags.

Mittlerweile erfolgen 64 % der Nutzung sozialer Medien mit dem Smartphone[141]. Einer aktuellen Studie zufolge nutzen bereits 57 % der Smartphone- und Tablet-Besitzer diese zum Online-Shopping.[142] Das führt dazu, dass mehr Menschen über Smartphones erreicht werden können. Zudem erscheint die Anzeige auf dem Smartphone in den Neuigkeiten als bildschirmfüllend und muss daher beachtet werden. Diese Überlegungen führen zu folgender Hypothese:

H6: Die Platzierung der Werbeanzeige in der Neuigkeiten-Spalte und auf einem Smartphone verbessert die Werbewirkung.

---

[138] Vgl. Yo 2009, S. 236.
[139] Vgl. Karışık 2014, S. 254.
[140] Ebd., S. 272 f.
[141] Vgl. Fulgoni, Lipsman 2014, S. 13.
[142] Vgl. BEVH 2014, S. 1.

4.2 Vorgehensweise

Es wurden Werbeanzeigen bei Facebook geschaltet, die den Nutzer zum Kauf in einem Onlineshop animieren sollen. Die Anzeigen wurden 35 Tage lang geschaltet. Die Kampagne hatte ein Budget von 350 Euro (5 Euro pro Tag und Zielgruppe). Aufgrund des Auktionssystems,[143] mittels dessen Facebook die Werbeplätze unter den Werbetreibenden mit konkurrierenden Zielgruppen verteilt, wurde das Budget nicht voll ausgenutzt, weswegen nur 212 Euro verwendet wurden. Erfasst wurde die Interaktion mit der Anzeige über das Werbeanzeigensystem von Facebook.

Jede Woche wurde die Rabatthöhe, die dem Nutzer angezeigt wird, variiert, um die unter 3.4 dargestellte Auswirkung des Produktpreises zu belegen. Zu sehen war die Anzeige für Personen, die den Shop bereits besucht hatten und Personen, die nur der Zielgruppe des Shops entsprechen. Insgesamt wurde die Anzeige 92.782 Personen angezeigt, von denen 2408 die Anzeige angeklickt haben. Die Daten wurden mittels des von Facebook zur Verfügung gestellten Ad-Managers ausgelesen und durch logistische Regression mit dem Programm SPSS ausgewertet.

4.3 Logistische Regression

Mithilfe von logistischer Regression wird eine Gleichung gesucht, welche die relative Wahrscheinlichkeit angibt, dass ein bestimmtes Ereignis – die abhängige Variable – in Abhängigkeit von ein oder mehr unabhängigen Variablen eintritt. Die Variablen werden mittels Literatur identifiziert und deren Einfluss auf das Ergebnis analysiert. Diese Art der Analyse findet in vielen wissenschaftlichen Disziplinen Anwendung. Im betriebswirtschaftlichen Bereich zum Beispiel bei der Entscheidung, ob ein Kunde kauft oder nicht kauft.[144]

Es wird nicht das optimale Ergebnis bestimmt, sondern nur eine Annäherung an dieses. Dazu wird die Maximum-Likelihood-Methode genutzt. Es wird der Koeffizient berechnet, für den die Verteilung der beobachteten Daten am plausibelsten erscheint. Die logistische Regression weist jeder unabhängigen Variablen einen Koeffizienten „β" zu.

---

[143] Vgl. Goldfarb 2014, S. 122.
[144] Vgl. Burns, Burns 2009, S. 568 ff.

Dieser entspricht dem Beitrag der Variablen auf das Ausgangsergebnis.[145] Die abhängigen und unabhängigen Variablen sind in Kapitel 5.3 näher beschrieben.

Damit die Wahrscheinlichkeit p nur Werte zwischen 0 und 1 annehmen kann, was bei einer linearen Regression nicht der Fall ist, wird eine Transformation mit einer logistischen Funktion durchgeführt. Deren Gleichung lautet.:[146]

$$p = \frac{e^z}{1 + e^z}$$

$$z = \beta_0 + \beta_1 x_1 \ldots + \beta_n x_n$$

p= Eintrittswahrscheinlichkeit des Ereignisses

β_0= konstanter Term

β_n= Logit-Koeffizienten

x= Ausprägung der abhängigen Variablen.

Die z-Werte werden als Logits bezeichnet und die Koeffizienten der Gleichung als Logit-Koeffizienten. Diese geben die Stärke des Einfluss der unabhängigen Variablen auf das Ergebnis an. Bei der Analyse mit SPSS wird ebenfalls das Signifikanzniveau der Logit-Koeffizienten errechnet. Die Signifikanz ist unterschiedlich klassifiziert als: signifikant (p<0,05), sehr signifikant (p<0,01) und hoch signifikant (p<0,001). Dieses Signifikanzniveau wird für den Chi-Quadrat-Test ermittelt. Liegt es nicht im zulässigen Rahmen, ist die Variable oder das gesamte Modell nicht signifikant und wird verworfen.

Das Signifikanzniveau sagt aus, mit welcher Wahrscheinlichkeit die Nullhypothese abgelehnt wird, obwohl diese richtig ist und die alternative Hypothese akzeptiert wird. Die Nullhypothese gibt an, dass der vermutete Zusammenhang der Variablen nicht besteht. Die alternative Hypothese gibt an, dass das Modell mit den Variablen eine bessere Vorhersage liefert als eine zufällige Vorhersage.[147]

---

[145] Vgl. Windzio 2013, S. 26 f.
[146] Vgl. Windzio 2013, S. 51; Rohrlack 2009, S. 268.
[147] Vgl. Bender, Lange 2007.

5 Umsetzung einer Retargeting-Kampagne mittels Facebook

5.1 Durchführung der Kampagne

5.1.1 Werbetreibender

Die Werbekampagne wird für den Onlineshop www.Controller-Tuning.de durchgeführt. Der Shop besteht seit ca. 6 Jahren und bietet Zubehör für Videospielkonsolen an. Pro Monat besuchen ca. 12.000 Besucher den Shop, von welchen etwa 2 % mindestens einen Artikel erwerben. Zusätzlich zum Privatkundengeschäft werden auch anderen Unternehmen beliefert. Die geplante Werbekampagne richtet sich aber ausschließlich an Privatkunden.

Bisher wurden keine Werbemaßnahmen – Retargeting oder Social Media – durchgeführt. Es besteht eine Facebook-Seite, die aber bisher nicht genutzt wird. Über Facebook anfragende Kunden werden auf die Mail-Adresse des Kundenservice hingewiesen.

Das angebotene Produktsortiment richtet sich an professionelle und Gelegenheitsspieler von First-Person-Egoshootern. Der Hauptumsatz wird mit drei Produktgruppen erzielt. Es handelt sich dabei um „Rapid Fire Controller", das sind Original-Controller für die Spielkonsolen der Firmen Microsoft und Sony. In diese wird ein programmierter Mikrochip eingebaut, der schnelleres Schießen und weitere Funktionen im Videospiel ermöglicht. Zudem werden „Duplex Controller" angeboten. Dabei handelt es sich ebenfalls um originale Controller, auf deren Unterseite zusätzliche Tasten installiert wurden. Diese duplizieren Tasten auf der Oberseite für ergonomischeres Spielen. Des Weiteren wird der Adapter „CronusMax" angeboten. Mit diesem Adapter ist es möglich, die Controller jeder Konsole auch an Konsolen anderer Hersteller zu betreiben, sowie die Tasten der Controller nach eigenen Wünschen neu zu belegen. Es sind weitere Artikel, wie ausschließlich optisch veränderte Controller und weiteres Zubehör vorhanden. Diese machen aber weniger als 10 % des Gesamtumsatzes aus.

5.1.2 Zielgruppen

Zielgruppe A stellt die Retargeting-Gruppe dar. Es handelt sich bei dieser Gruppe um Personen, die den Shop innerhalb der letzten 21 Tage besucht haben und keinen Artikel gekauft haben. Um einen Kauf festzustellen wurden Personen ausgeschlossen, welche die Seite /checkout_success.php im Shop besucht haben, da diese nach einem abgeschlossenen Einkauf angezeigt wird. Erfasst wurden die Personen mittels des von Facebook zur Verfügung gestellten Tracking-Pixels. Diese Zielgruppe wird laufend aktualisiert. Sobald also jemand innerhalb von 21 Tagen den Shop nicht mehr besucht hat, oder einen Artikel kauft, wird ihm keine Werbung mehr angezeigt.

Zielgruppe B ist die Vergleichszielgruppe, für die Behavioural-Targeting genutzt wurde. Die Personen wurden also anhand ihres Surfverhaltens und ihrer Interessen ausgewählt. Ziel dabei ist es, die üblichen Kunden des Shops abzubilden, aber Personen anzusprechen, die noch keine Kenntnis über den Shop haben. Anhand der Daten von Google-Analytics ist zu erkennen, dass 84,6 % der Kunden zwischen 18 und 34 Jahre alt und zu 92,2 % männlich sind[148]. Google gibt aus Datenschutzgründen keine Auskunft über das Surfverhalten von Personen unter 18 Jahren.

Zielgruppe B wurde im Ad-Manager von Facebook wie folgt definiert:

- Personen einschließen, die männlich und zwischen 18 und 34 Jahre alt sind, deutsch sprechen und deren Interessen Konsolenspiele und First-Person-Shooter sind.
- Personen ausschließen, welche die Seite Controller-Tuning.de in den letzten 21 Tagen besucht haben, oder die bereits Fan der Facebook-Seite von Controller-Tuning.de sind.

5.1.3 Anzeigenerstellung

Bei der Erstellung der Anzeige wurde auf die Beachtung aktueller Studien zum Thema Gestaltung von Bannerwerbung geachtet. Daher wurde eine nicht animierte Anzeige in

---

[148] Vgl. Anhang 3.

rechteckiger Form gewählt, die ein Produktbild enthält. Zudem wurde ein Call-to-Action („Mehr dazu") integriert.[149] Am rechten oberen Rand befindet sich eine Schaltfläche um die Facebook-Seite von Controller-Tuning.de mit „Gefällt mir" zu markieren. Es wurde der Hinweis „Nur diese Woche" eingefügt, da belegt ist, dass ein temporärer Rabatt von Kunden besser angenommen wird, als ein dauerhafter Rabatt.[150] Am unteren Rand kann die Anzeige kommentiert und geteilt werden, oder eine „Gefällt mir"-Angabe nur für die Anzeige abgegeben werden.

Abbildung 5: Beispiel der Werbeanzeige

Gemäß Lambrecht, Tucker 2013 ist generisches Retargeting in der Regel erfolgreicher. Es wurde daher ein Bild gewählt, das den Shop als Ganzes repräsentieren kann und alle Hauptprodukte im Anzeigentext erwähnt.[151] Es wurde eine statische Anzeige gewählt, da diese eher beachtet wird, als eine animierte. Entweder werden animierte Anzeigen ganz vermieden, oder nur kürzer angesehen als statische Anzeigen.[152]

---

[149] Vgl. Abschnitt 3.1; Vgl. Beerli-Palacio 2012, S. 436.
[150] Vgl. Faryabi, et al. 2012, S. 203.
[151] Vgl. Lambrecht, Tucker 2013, S. 574.
[152] Vgl. Lee, et al. 2015, S. 207.

Die Laufzeit der Kampagne betrug 5 Wochen. Da die Auswirkung von unterschiedlichen Rabatten ebenfalls untersucht werden soll, wurde die Anzeige in derselben Form sowohl mit, als auch ohne den Hinweis auf einen Rabattcode geschaltet. Dieselbe Anzeige wurde immer beiden Zielgruppen angezeigt. Die Rabatte wurden nicht linear erhöht, um eine eventuelle Erwartungshaltung der Kunden, sowie Zeittrends auszuschließen. Die Aufteilung war dabei:

Woche	1	2	3	4	5
Rabatthöhe	0%	10%	5%	20%	15%

Tabelle 2: Rabatt-Staffelung der Werbeanzeigen

Abbildung 6 stellt die Möglichkeiten der Platzierung der Werbeanzeige dar. Facebook zeigt die Anzeige in der Neuigkeiten-Spalte, also der Startseite des Nutzers (1). Bei der Nutzung von Facebook über Smartphone/Tablet wird die Anzeige nur in den Neuigkeiten angezeigt (2). Bei der Nutzung am Desktop kann sie ebenfalls auf der rechten Seite in verkleinerter Form angezeigt werden (3).

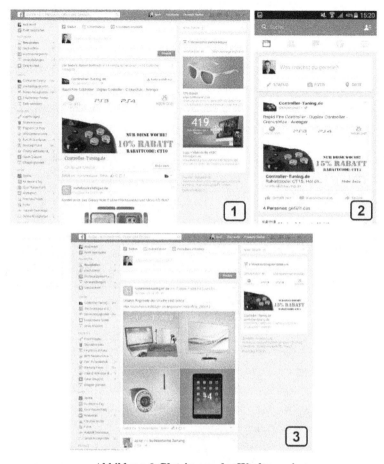

Abbildung 6: Platzierung der Werbeanzeigen

5.2 Zusammenfassung der Kampagnenleistung

Die Ergebnisse sind nach Zielgruppen aufgeteilt. Zielgruppe A stellt hierbei die Retargeting Gruppe dar. Sie besteht aus Personen, die bereits den Shop besucht haben. Zielgruppe B ist die Vergleichsgruppe. Sie besteht aus Personen, welche der Kundenzielgruppe des Shops entsprechen, diesen aber bisher nicht besucht haben. Für Zielgruppe

B wurde Behavioural Targeting verwendet. Die Interessen dieser Zielgruppe entsprechen dem der Besucher des Online-Shops.[153]

In der folgenden Tabelle ist die Reichweite der Kampagne abgebildet und die Gesamtzahl der Klicks, die in den beiden Zielgruppen erfasst wurden. Die Reichweite stellt die Zahl an Personen dar, welche die Werbeanzeige gesehen haben. Zudem sind die Verkäufe (Conversions) innerhalb der einzelnen Zielgruppen ersichtlich.

	Woche	1	2	3	4	5	Summe
	Rabatt	0%	10%	5%	20%	15%	
Ziegr. A	Reichweite	3992	5385	2100	3525	959	15961
	Klicks	314	277	57	135	33	816
	Conversions	1	3	0	5	0	9
Ziegr. B	Reichweite	13628	23577	14704	15145	9767	76821
	Klicks	427	510	243	291	121	1592
	Conversions	0	1	0	1	0	2

Tabelle 3: Reichweite/Klicks/Conversions

Die Werbeanzeige für Zielgruppe A hat insgesamt zu neun Verkäufen geführt, wohingegen in der Vergleichsgruppe nur zwei Verkäufe stattgefunden haben. In Woche 3 und 5 konnte in keiner der Zielgruppen ein Verkauf verzeichnet werden. Bereits ohne Rabatt konnte ein Verkauf in Zielgruppe A erzielt werden, das Gesamtbild zeigt aber, dass ein höherer Rabatt zu mehr Verkäufen geführt hat.

Insgesamt konnte durch die Werbeaktion ein Umsatz von ca. 1163,80 Euro erzielt werden. Es entstanden Kosten in Höhe von 212 Euro für die Schaltung der Werbeanzeigen. Zudem wurde – gemessen am durchschnittlichen Warenkorbwert – Rabatt in Höhe von insgesamt 169,28 Euro gewährt, was zu einem Netto-Mehrumsatz von 782,52 Euro führt. Mit zunehmendem Rabatt kam es zu mehr Verkäufen, was für den unter 3.4 dargestellten entscheidenden Einfluss des Kaufpreises spricht. Die Tatsache, dass es in Woche 5 keinen Verkauf mehr gab, lässt sich durch den Abnutzungseffekt aufgrund des häufigen Anzeigens der Werbung erklären.

---

[153] Vgl. 5.1.2. Zielgruppen.

Die Kosten für die in der nachfolgenden Tabelle dargestellten Kennzahlen lassen deutlich erkennen, dass Retargeting höhere Kosten verursacht. Abgesehen von den Kosten pro Conversion sind alle Kosten in der Retargeting Gruppe größer. An den Conversions allerdings ist zu erkennen, dass es letztendlich zu mehr Verkäufen führt. Die Durchschnittskosten einer Conversion waren in Zielgruppe A mit 11,09 Euro deutlich geringer als 56,33 Euro in Zielgruppe B.

	Woche	1	2	3	4	5	Durchschnitt
	Rabatt	0%	10%	5%	20%	15%	
Zielgruppe A Kosten (in EUR) pro	Normaler Klick	0,06	0,14	0,31	0,21	0,19	0,13
	Sozialer Klick	0,72	1,03	4,14	2,91	1,37	1,35
	Gefällt mir	1,19	4,37	4,14	3,27		2,94
	Conversion	16,62	11,65		5,23		11,09
	1000 Impressionen	3,22	5,12	6,08	5,30	3,65	4,72
	1000 erreichte Personen	4,16	6,49	7,88	7,42	5,72	6,25
Zielgruppe B Kosten (in EUR) pro	Normaler Klick	0,07	0,07	0,08	0,09	0,12	0,08
	Sozialer Klick	0,53	0,73	1,42	0,74	2,89	0,80
	Gefällt mir	2,07	2,05	2,31	7,40	4,82	2,68
	Conversion		32,74		22,19		56,33
	1000 Impressionen	1,49	0,98	0,76	0,97	1,07	1,02
	1000 erreichte Personen	1,82	1,39	1,26	1,47	1,48	1,47

Tabelle 4: Ereignisbezogene Kosten je Zielgruppe

In nachfolgender Grafik ist deutlich zu erkennen, dass die Werbeanzeige öfter von Personen angeklickt wurde, die den Shop bereits besucht haben. Die dargestellte Click-Through-Rate (CTR) gibt an, wie viele Personen die Anzeige angeklickt haben, bezogen auf die Anzahl der Personen, denen die Werbung angezeigt wurde. Die erhaltenen Klicks werden als Merkmal der Kaufabsicht angesehen. Eine höhere CTR spiegelt eine höhere Kaufabsicht wider.[154]

---

[154] Vgl. Hypothese 1.

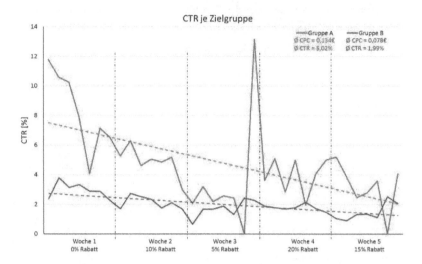

Abbildung 7: Durchklickrate der Werbeanzeige

An 32 von 35 Tagen liegt die CTR von Gruppe A über der Vergleichsgruppe und auch die durchschnittliche CTR ist deutlich höher. Die durchschnittlichen Kosten pro Klick sind mit 0,134 Euro in Gruppe A um einiges höher als in Gruppe B mit 0,078 Euro.

Auf die gesamte Laufzeit gesehen liegt die durchschnittliche Click-Through-Rate für Zielgruppe A aber 3,03 Prozentpunkte über der von Zielgruppe B. Im Laufe der Zeit nimmt die CTR innerhalb der Retargeting-Zielgruppe ab, was dadurch zu erklären ist, dass diese deutlich kleiner ist, als die Vergleichsgruppe und diese daher öfter den gleichen Personen angezeigt wurde. Bereits nach dreimaligem Sehen der Anzeige verliert diese an Wirkung.[155]

Die höheren Kosten pro Klick in Gruppe A erklären sich dadurch, dass diese Gruppe deutlich kleiner war als Gruppe B und es weniger Auswahl gab an Personen, die gerade online sind. Somit musste Facebook ein höheres Gebot für die Werbeplätze abgeben, damit die Werbung angezeigt wird, anstatt Werbung von anderen Anbietern.[156]

---

[155] Vgl. Lee, et al. 2015, S. 7.
[156] Goldfarb 2014, S. 122.

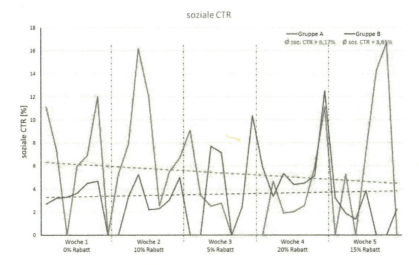

Abbildung 8: Soziale Durchklickrate der Werbeanzeige

Die Soziale Click-Through-Rate (Abbildung 8) gibt an, welcher Anteil an Personen auf die Werbeanzeige geklickt hat, wenn diese mit einem Hinweis versehen war, dass diese bereits einem Freund gefällt. Der Hinweis wird eingeblendet, wenn der Freund entweder die Facebook-Seite Controller-Tuning.de mit „Gefällt mir" markiert hat, oder dies bei der Werbeanzeige getan hat.

Ähnlich der normalen CTR berechnet sich diese anhand der sozialen Klicks im Verhältnis zur sozialen Reichweite der Anzeige. In der vorliegenden Arbeit wird die soziale Click-Through-Rate verwendet, um die Word-of-Mouth Kommunikation, die durch die Anzeige ausgelöst wurde, zu messen.

Es kam zu 74 sozialen Klicks in Zielgruppe A und 140 sozialen Klicks in Zielgruppe B. In der Retargeting-Zielgruppe A gab es deutlich mehr soziale Klicks gemessen an der Größe der Zielgruppe. Im Durchschnitt haben 6,17 % der Personen der Retargeting Gruppe die Anzeige in sozialem Kontext angeklickt, in der Vergleichsgruppe B nur 3,65 %.

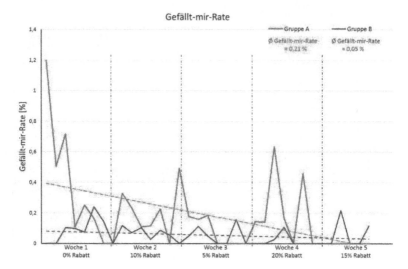

Abbildung 9: Gefällt-mir-Rate der Werbeanzeige

Die Wahrscheinlichkeit, die Facebook-Seite des Internetshops mit „Gefällt mir" zu markieren, ist ebenfalls deutlich höher, wenn der Shop bereits besucht wurde. Diese Maßzahl wird in der vorliegenden Arbeit dazu verwendet, um die Loyalität der erreichten Personen zu messen (s. Abbildung 9).

Die Gefällt-mir-Rate gibt an, dass im Durschnitt 0,21 % der Personen, die mittels Retargeting erreicht wurden, bereit sind, die Facebook-Seite des Unternehmens mit „Gefällt mir" zu markieren. In der Vergleichsgruppe B sind nur 0,05 % der Personen dazu bereit. Insgesamt kam es zu 34 „Gefällt-mir"-Angaben in Zielgruppe A und 42 in Zielgruppe B.

Zu Beginn der Schaltung der Werbeanzeigen hatte die Facebook-Seite 3050 Fans. Wie unter 2.4.2 dargestellt ist eine größere Anzahl an Fans von Vorteil, da mehr Personen kostenlos mit Werbebotschaften erreicht werden können. Zudem wird dem Unternehmen mehr Vertrauen entgegengebracht, wenn es über eine genügend große Anzahl an Fans verfügt. Die Kosten für einen neuen Fan betrugen etwas unter 3 Euro, allerdings ist es schwer, diese Akquisitionskosten zu bewerten, da jedes Unternehmen diese unterschiedlich ansetzt. Da es keine zusätzlichen Incentives wie einen Rabatt exklusiv für

Fans gab, um Fan der Seite zu werden, kann man davon ausgehen, dass die Bindung langfristig bestehen bleibt und somit ein zusätzlicher Fan einen höheren Wert hat.

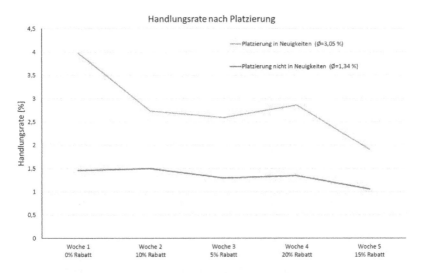

Abbildung 10: Handlungsrate nach Platzierung

Die Handlungsrate gibt an, wie viele der Personen, welche die Anzeige erreicht hat, eine Handlung ausführen (s. Abbildung 10). Zu Handlungen zählen die Interaktion mit der Werbeanzeige durch Klick, „Gefällt mir", Kommentar oder das Teilen der Werbeanzeige mit Freunden.

In der vorliegenden Arbeit wird die Handlungsrate genutzt, um die generelle Werbewirkung zu messen. Eine Anzeige, die mehr Handlungen auslöst, hat eine größere Wirkung, weshalb die Platzierung der Anzeige von Bedeutung ist. Aus der Grafik ist ersichtlich, dass die Platzierung in den Neuigkeiten und somit im Blickfeld des Nutzers zu deutlich mehr Handlungen führt. Die durchschnittliche Handlungsrate für die Platzierung in den Neuigkeiten ist mehr als doppelt so hoch, verglichen mit anderen Platzierungen.

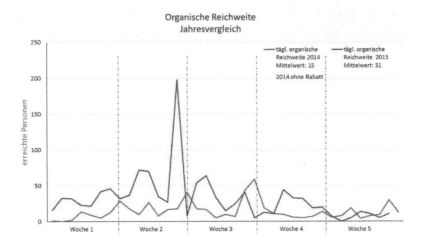

Abbildung 11: Organische Reichweite der Werbeanzeige

Wie in obenstehender Grafik zu erkennen, wirkt sich die bezahlte Werbung ebenfalls positiv auf die organische Reichweite aus. Die organische Reichweite einer Facebook-Seite gibt an, wie viel Personen kostenlos erreicht werden, wenn ein Beitrag auf dieser bereitgestellt wird. Abhängig ist die organische Reichweite zum einen von der Anzahl an Fans, die eine Facebook-Seite hat, aber auch davon, wie aktiv diese sind. Wird ein Beitrag der Facebook-Seite von vielen Fans geteilt oder kommentiert, steigt die organische Reichweite an. Die Interaktion mit den Fans durch kreative Beiträge sollte also Teil einer erfolgreichen Social Media Strategie sein.

Die tägliche organische Reichweite stieg im Vergleich zum Vorjahreszeitraum von 15 auf 31. Die Spitze in Woche 2, bei der die Reichweite kurzfristig über 200 liegt, ist durch die Erwähnung der Facebook-Seite durch eine andere Seite zu erklären. Der Betreiber der Seite ist höchstwahrscheinlich durch die Werbung auf den Shop aufmerksam geworden.

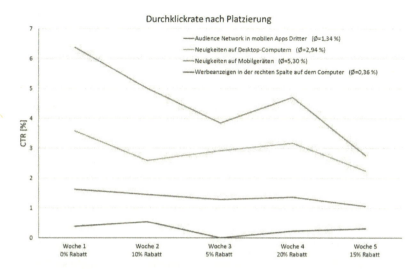

Abbildung 12: Durchklickrate nach Platzierung der Werbeanzeige

Die Durchklickrate nach Platzierung gibt an, wie viel Klicks pro Einblendung die Anzeigen erhalten haben, abhängig von deren Platzierung. Deutlich ist, dass die Anzeige öfter in den „Neuigkeiten" angeklickt wurde. Das ist eine Platzierung direkt in der Mitte von Facebook, wo sich auch die Posts von Freunden befinden.

Das Audience Network ist eine Platzierung außerhalb von Facebook, in mobilen Apps anderer Anbieter, die einen Werbevertrag mit Facebook abgeschlossen haben. Wo die Anzeige im Audience Network platziert wird, ist den Anbietern der Apps überlassen. Daher ist die Durchklickrate mit 1,34 % auch dort nicht hoch. Mit einer durchschnittlichen Durchklickrate von nur 0,36 % ist die Platzierung an der rechten Seite weit abgeschlagen. Diese Anzeigeform ist eine verkleinerte Version der Werbeanzeige am rechten Rand auf der Startseite oder Unterseiten, wo sie nicht direkt im Blickfeld des Betrachters liegt und einfach als Werbung zu erkennen ist.

Durchschnittlich 2,94 % der Personen, die die Anzeige in den Neuigkeiten auf einem Desktop-Computer sahen, haben diese angeklickt. Führend ist die durchschnittliche Durchklickrate von 5,3 %, welche erreicht wurde bei Anzeige der Werbung in den Neuigkeiten auf Mobilgeräten. Hier ist die Anzeige bildschirmfüllend und direkt im Blickfeld des Nutzers.

5.3 Analyse mittels logistischer Regression

Grundlage für die durchgeführte logistische Regression mit dem Programm SPSS bildet ein Excel-Datensatz mit 335 Zeilen. Dieser wurde als Export-Datei mit dem Facebook Ad-Manager erzeugt und um weitere Spalten zur besseren Analyse erweitert.

Folgende unabhängige Variablen wurden zur Überprüfung der Hypothesen genutzt:

Zielgruppe: Diese Variable gibt an, ob die Anzeige einer Person aus der Retargeting-Gruppe angezeigt wurde (Zielgruppe A=1), oder der Behavioural-Targeting Kontrollgruppe, die nur die Interessen der Besucher des Onlineshops teilen (Zielgruppe B=0).

Rabatt: Die Variable Rabatt hat die Werte 0; 0,05; 0,1; 0,15; 0,2 und gibt die Rabatthöhe am jeweiligen Tag als Dezimalwert an.

Tag: Tag ist ganzzahlig nummeriert von 1 bis 35 und stellt die Laufzeit der Kampagne von 5 Wochen dar.

Position: Die Variable Position gibt Aufschluss darüber, ob die Anzeige im Bereich Neuigkeiten innerhalb von Facebook angezeigt wurde (Position= 1), oder ob sie in einem der anderen Bereiche, wie dem rechten Rand der Startseite, oder auf einer anderen Seite angezeigt wurde (Position= 0).

Zugriff: Die Anzeige kann entweder stationär auf einem Desktop PC (Zugriff=0) angezeigt worden sein, oder über ein mobiles Gerät wie Tablet oder Smartphone (Zugriff=1).

Folgende abhängige Variablen wurden zur Überprüfung der Hypothesen genutzt:

Klickwahrscheinlichkeit: Zur Messung der Kaufabsicht wird die Klickwahrscheinlichkeit genutzt. Sie gibt an, wie hoch die Wahrscheinlichkeit ist, dass eine Person, welche die Anzeige gesehen hat, diese anklickt, um den Shop zu besuchen. Die Klickwahrscheinlichkeit ist der Quotient aus der Anzahl der Klicks und Reichweite der Anzeige, wobei die sozialen Klicks/soziale Reichweite hierbei nicht berücksichtigt werden, da diese getrennt betrachtet werden.

„Gefällt mir"-Wahrscheinlichkeit: Mit der „Gefällt mir"- Wahrscheinlichkeit wird die Loyalität gemessen. Sie gibt an, wie wahrscheinlich es ist, dass eine Person, welche die Anzeige gesehen hat, die Facebook-Seite des Unternehmens mit „Gefällt mir" markiert. Die „Gefällt mir"-Wahrscheinlichkeit ist der Quotient aus Anzahl der „Gefällt mir"-Angaben und Reichweite der Anzeige. Hier wird ebenfalls die soziale Reichweite nicht berücksichtigt, um Verbundeffekte auszuschließen.

Soziale Klickwahrscheinlichkeit: Die soziale Klickwahrscheinlichkeit wird zur Messung der Word-of-Mouth Kommunikation durch die Anzeige genutzt. Sie gibt an, wie hoch die Wahrscheinlichkeit ist, dass eine Person, welche die Anzeige im sozialen Kontext gesehen hat, diese anklickt. Sozialer Kontext ist der Zusatz in der Anzeige, dass einem Freund diese Anzeige bereits gefällt. Die soziale Klickwahrscheinlichkeit ist der Quotient aus Anzahl der sozialen Klicks und der sozialen Reichweite der Anzeige.

Handlungswahrscheinlichkeit: Die Handlungswahrscheinlichkeit soll die generelle Werbewirkung der Anzeige verdeutlichen. Sie gibt an, wie wahrscheinlich es ist, dass eine Person nach Sehen der Anzeige eine Handlung ausführt. Als Handlungen zählen alle Arten an Klicks, die entweder zur Facebook-Seite des Unternehmens oder in den Shop führen, „Gefällt mir"-Angaben für die Seite oder die Anzeige an sich sowie Beitragskommentare oder Teilen des Beitrags. Die Handlungswahrscheinlichkeit ist der Quotient aus Anzahl der Handlungen und der Reichweite der Anzeige. Da es um die gesamte Werbewirkung geht, werden soziale und normale Reichweite zusammen betrachtet.

Überprüfung der Hypothesen H1, H4a, H5a: [157]

Die Überprüfung der Hypothesen erfolgte mittels folgender Formel. Sei p die Klick-wahrscheinlichkeit, dann gilt:

$$p = \frac{e^z}{1 + e^z}$$

$$z = \beta_0 + \beta_1 * \text{Zielgruppe} + \beta_2 * \text{Rabatt} + \beta_3 * \text{Tag}$$

Parameter	Schätzung	Standardfehler	U	Sig.	95%-Konfidenzintervall	
					Untergrenze	Obergrenze
Zielgruppe	,926	,047	19,876	,000	,835	1,017
Rabatt	1,322	,564	2,345	,019	,217	2,427
Tag	-,043	,005	-9,469	,000	-,052	-,034
Konstanter Term	-3,398	,046	-74,369	,000	-3,444	-3,353

Tabelle 5: Parameterschätzung H1, H4a, H5a

Die Formel des Modells lautet demnach:

z = -3,398 + 0,926 * Zielgruppe + 1,322 * Rabatt – 0,043 * Tag

Die erste Hypothese besagt, dass Retargeting einen positiven Einfluss auf die Kaufab-sicht hat. Gemessen wird diese mittels der Klicks, die die Anzeige erhalten hat. Es ist zu erkennen, dass die Logit Transformation der Klickwahrscheinlichkeit um 0,926 an-steigt, wenn die Person den Shop bereits besucht hat, also zur Retargeting Gruppe ge-hört. Das Signifikanzniveau der Variablen Zielgruppe bestätigt, dass diese hoch signifi-kant für die Gleichung ist (p<0,001). Die 1. Hypothese kann somit als bestätigt angese-hen werden.

Hypothese 4a gibt an, dass sich ein Rabatt positiv auf die Kaufabsicht auswirkt und ein höherer Rabatt, größere Auswirkung hat. Tatsächlich ist es so, dass eine Steigerung des Rabattes um eine Einheit (5 %- Schritte), die Logit-Transformation der Klickwahr-scheinlichkeit um 1,322 erhöht. Auch hier bestätigt das Signifikanzniveau die Hypothe-se (p<0,05). Hier kann aber nur von einem signifikanten Ergebnis gesprochen werden, da das Signifikanzniveau mit 0,019 deutlich höher liegt als bei der Zielgruppe.

---

[157] Vgl. Anhang 4.

Jeder zusätzliche Tag bringt eine Verschlechterung der Klickwahrscheinlichkeit mit sich, da der Koeffizient β_3 = -0,043 negativ ist. Diese Variable ist ebenfalls hochsignifikant und bestätigt damit die Hypothese 5a (p<0,001).

Das Modell als Ganzes wird durch den Chi-Quadrat-Test überprüft. Das Modell wird durch das Signifikanzniveau des Chi-Quadrat-Tests ebenfalls bestätigt (p<0,001).

Überprüfung der Hypothesen H2, H4b, H5b: [158]

Die Überprüfung der Hypothesen erfolgte mittels folgender Formel. Sei p die Wahrscheinlichkeit einer „Gefällt mir"-Angabe, dann gilt:

$$p = \frac{e^z}{1 + e^z}$$

z = β_0 + β_1 * Zielgruppe + β_2 * Rabatt + β_3 * Tag

Der Einfluss des Rabattes auf die Loyalität gemäß Hypothese 4b wurde aufgrund des Signifikanzniveaus von 0,451 abgelehnt, da diese Variable nicht signifikant für die Gleichung ist. Die Hypothese muss daher abgelehnt werden. Es wurde eine erneute Regression mit den verbliebenen Variablen durchgeführt. Der Einfluss der Zielgruppe ist daraufhin deutlich angestiegen von 0,555 auf 2,755, der negative Einfluss des Zeitverlaufs ist weiterhin vorhanden. Dieser war in der Gleichung mit allen 3 Variablen -0,131. Es ergibt sich also folgende neue Gleichung:

z = β_0 + β_1 * Zielgruppe + β_2 * Tag

Parameter	Schätzung	Standardfehler	U	Sig.	95%-Konfidenzintervall	
					Untergrenze	Obergrenze
Zielgruppe	2,755	,264	10,444	,000	2,238	3,272
Tag	-,038	,014	-2,758	,006	-,064	-,011
Konstanter Term	-7,702	,296	-26,010	,000	-7,998	-7,406

Tabelle 6: Parameterschätzung H2, H4b, H5b

Die Formel des Modells lautet demnach:

z = -7,702 + 2,755 * Zielgruppe – 0,038 * Tag

---

[158] Vgl. Anhang 5

Laut der zweiten Hypothese führt Retargeting zu einer höheren Loyalität des Kunden. Gemessen wird diese an der Bereitschaft, die Facebook-Seite des Unternehmens mit „Gefällt mir" zu markieren. Es wird deutlich, dass die Variable Zielgruppe im vorliegenden Modell den größten positiven Einfluss hat. Wird die Anzeige von jemandem gesehen, der den Shop bereits besucht hat, steigt die Logit-Transformation der Wahrscheinlichkeit für eine „Gefällt mir"-Angabe um 2,755 an. Diese Variable ist für die Gleichung hoch signifikant (p<0,001).

Der Zeitverlauf hat einen negativen Einfluss auf das Ergebnis der Gleichung (β_2=-0,038). Diese Erkenntnis ist im Einklang mit Hypothese 5b. Die Variable ist sehr signifikant für die Gleichung (p<0,01) und bestätigt somit Hypothese 5b.

Der Chi-Quadrat-Test für das Modell zur Überprüfung der Hypothesen ergibt ein Signifikanzniveau von p<0,001 und bestätigt somit die Aussagefähigkeit des Modells mit den jetzigen Variablen.

Überprüfung der Hypothesen H3, H4c, H5c:[159]
Die Überprüfung der Hypothesen erfolgte mittels folgender Formel. Sei p die soziale Klickwahrscheinlichkeit, dann gilt:

$$p = \frac{e^z}{1 + e^z}$$

$z = \beta_0 + \beta_1 * \textbf{Zielgruppe} + \beta_2 * \textbf{Rabatt} + \beta_3 * \textbf{Tag}$

Der Einfluss des Rabattes auf die Word-of-Mouth Kommunikation gemäß Hypothese 4c wurde aufgrund des Signifikanzniveaus von 0,09 abgelehnt, da diese Variable nicht signifikant für die Gleichung ist. Es wurde eine erneute Regression mit den verbliebenen Variablen durchgeführt. Die Zielgruppe hat weiterhin einen stark positiven Einfluss, der negative Einfluss des Zeitverlaufs ist relativ konstant geblieben. Es ergibt sich also folgende neue Gleichung:

$z = \beta_0 + \beta_1 * \textbf{Zielgruppe} + \beta_2 * \textbf{Tag}$

---

[159] Vgl. Anhang 6

Parameter	Schätzung	Standardfehler	U	Sig.	95%-Konfidenzintervall	
					Untergrenze	Obergrenze
Zielgruppe	1,065	,200	5,317	,000	,673	1,458
Tag	,149	,013	11,563	,000	,124	,174
Konstanter Term	-7,049	,352	-20,049	,000	-7,400	-6,697

Tabelle 7: Parameterschätzung H3, H4c, H5c

Die Formel des Modells lautet demnach:

z = -7,049 + 1,065 * Zielgruppe + 0,149 * Tag

Nach Hypothese 3 fördert Retargeting positive Word-of-Mouth Kommunikation. Gemessen wird diese an den sozialen Klicks, die eine Anzeige erhalten hat. Mit einem Koeffizienten von 1,065 der Variablen Zielgruppe ist dieser Einfluss deutlich. Diese Variable ist hoch signifikant (p<0,001) und H3 kann somit als bestätigt angesehen werden.

Gemäß Hypothese 5c sollte der Zeitverlauf einen negativen Einfluss auf die Word-of-Mouth Kommunikation haben. Am Koeffizienten der Variablen Tag (0,149) ist aber zu erkennen, dass der Einfluss – wenn auch gering – positiv ist. Das Signifikanzniveau bestätigt diese Variable (p<0,001). Die Hypothese 5c muss aber aufgrund des positiven Einflusses abgelehnt werden.

Der Chi-Quadrat-Test für das Modell zur Überprüfung der Hypothesen ergibt ein Signifikanzniveau von p<0,001 und bestätigt somit die Aussagefähigkeit des Modells mit den jetzigen Variablen.

Überprüfung der Hypothese H6:[160]

Die Überprüfung der Hypothesen erfolgte mittels folgender Formel. Sei p die Wahrscheinlichkeit, eine Handlung auszuführen, dann gilt:

$$p = \frac{e^z}{1 + e^z}$$

z = β_0 + β_1 * Rabatt + β_2 * Tag + β_3 * Position + β_4 * Zugriff

---

[160] Vgl. Anhang 7

Parameter	Schätzung	Standardfehler	U	Sig.	95%-Konfidenzintervall	
					Untergrenze	Obergrenze
Rabatt	1,741	,614	2,837	,005	,538	2,944
Tag	-,040	,005	-7,849	,000	-,050	-,030
Position	1,289	,056	23,217	,000	1,181	1,398
Zugriff	,725	,058	12,475	,000	,611	,839
Konstanter Term	-4,716	,090	-52,416	,000	-4,806	-4,626

Tabelle 8: Parameterschätzung H6

Die Formel des Modells lautet demnach:

z = -4,716 + 1,741 * Rabatt – 0,04 * Tag + 1,289 * Position + 0,725 * Zugriff

Hypothese 6 besagt, dass eine Anzeige eine bessere Werbewirkung erzielt, wenn sie in der Neuigkeiten-Spalte und auf einem Smartphone platziert wird, da sie dann direkt im Blickfeld des Betrachters ist. Die Werbewirkung wird an der Interaktion mit der Werbe-anzeige gemessen. Facebook bietet dafür die Maßzahl „Handlungen". Diese fasst alle Handlungen zusammen, die möglich sind. Dazu zählen Klick auf die Webseite, Klick auf die Facebook-Seite des Unternehmens, „Gefällt mir"-Angabe für die Anzeige oder die Facebook-Seite sowie Kommentare zur Anzeige. Eine Anzeige, die mehr Interaktion hervorruft, hat eine bessere Wirkung.

Es ist zu erkennen, dass die Logit Transformation der Handlungswahrscheinlichkeit um 1,289 in Abhängigkeit der Position steigt. Im vorliegenden Fall ist diese Position in der Neuigkeiten-Spalte innerhalb Facebook. Ebenso ist die Zugriffsart über das Smartphone ein positiver Einfluss (β_4=0,725). Die Variablen Zugriff und Position sind beide hoch signifikant für die Gleichung (p<0,001). Wie bei H5a/H5b hat der Zeitverlauf einen negativen Einfluss (β_2=-0,04; p<0,001) und der Rabatt einen positiven Einfluss, wie für H4a ebenfalls dargestellt (β_1=1,741, p<0,01).

Der Chi-Quadrat-Test für das Modell zur Überprüfung der Hypothesen ergibt ein Signi-fikanzniveau von p<0,001 und bestätigt somit die Aussagefähigkeit des Modells mit den jetzigen Variablen.

Die Ergebnisse der Überprüfung der Hypothesen sind in der folgenden Tabelle 9 zu-sammengefasst.

Hypothese	Aussage	Bestätigt
1	Retargeting → Kaufabsicht (+)	ja
2	Retargeting → Loyalität (+)	ja
3	Retargeting → Word-of-Mouth (+)	ja
4a	Höherer Rabatt → Kaufabsicht (+)	ja
4b	Höherer Rabatt → Loyalität (+)	nein
4c	Höherer Rabatt → Word-of-Mouth (+)	nein
5a	Zeitverlauf → Kaufabsicht (-)	ja
5b	Zeitverlauf → Loyalität (-)	ja
5c	Zeitverlauf → Word-of-Mouth (-)	nein
6	Anzeige Neuigkeiten/Smartphone → Werbewirkung (+)	ja

Tabelle 9: Zusammenfassung der Hypothesen

5.4 Diskussion

Die vorliegende Studie untersucht die Wirkung von Retargeting innerhalb von Social Media und geht dabei auf die besonderen Merkmale der Erfolgsmessung bei Facebook ein. Bisher wurde Retargeting generell eher vernachlässigt. Es gibt zum jetzigen Zeitpunkt nur eine Studie, in der speziell Retargeting im Online-Kontext untersucht wird. Ein Vergleich zu anderen Targeting-Varianten wird allerdings nicht angestellt.[161]

Wie in Hypothese 1 dargestellt, hat Retargeting einen positiven Einfluss auf die Kaufabsicht. Zur Messung wurde die Klickrate der Werbeanzeige herangezogen. Das deckt sich mit der Erkenntnis von Beales 2010. Dieser weist auf die hohe Conversions- und Klickrate im Vergleich zu klassischer Werbung und Behavioural-Targeting hin.[162] In der vorliegenden Studie führte Retargeting Werbung zu neun Verkäufen, Behavioural-Targeting hingegen nur zu zwei Verkäufen. Bereits ohne Rabatt konnte ein Verkauf erzielt werden, was für die generelle Wirksamkeit von Retargeting spricht. Manchanda, et al. 2006 zeigten bereits, dass die Kaufwahrscheinlichkeit bei existierenden Kunden

---

[161] Vgl. Lambrecht, Tucker 2013, S. 563.
[162] Vgl. Beales 2010, S. 12.

nach Sehen einer Werbeanzeige größer ist.[163] Dieses Konzept lässt sich mit den vorliegenden Ergebnissen auch auf Besucher einer Webseite, die nichts gekauft haben, erweitern.

Hypothese 2 sagt aus, dass Retargeting zu höherer Loyalität führt, was durch die gesammelten Daten bestätigt werden konnte. Dadurch wird deutlich, dass eine hohe Kongruenz der Zielgruppe der Besucher des Shops und der Facebook-Seite des Unternehmens vorliegt.

Hypothese 3 (der positive Einfluss von Retargeting auf die Word-of-Mouth Kommunikation) wurde betätigt. Das lässt darauf schließen, dass die Werbeanzeige in einem sozialen Kontext tatsächlich einer Empfehlung durch den jeweiligen Freund gleichgesetzt werden kann. Ein großer Teil der Facebook-Nutzer lässt sich bei ihrer Kaufentscheidung von den Empfehlungen ihrer Freunde beeinflussen.[164] Eine positive Kommunikation innerhalb des Freundeskreises führt zu einer steigenden Kaufabsicht.[165]

Hypothese 4a besagt, dass ein Rabatt Retargeting effektiver macht, da er die Kaufabsicht erhöht. Generell führt ein Rabatt zu mehr Verkäufen.[166] Im Vergleich der zwei Zielgruppen im vorliegenden Experiment ist aber zu erkennen, dass es in der Retargeting-Gruppe deutlich mehr Verkäufe mit zunehmendem Rabatt gab. Die zugrunde liegende Annahme, dass ein Rabatt andere Mängel eines Onlineshops ausgleicht und die Konsequenzen des Kaufs überdeckt,[167] bestätigt sich also.

Der positive Einfluss des Rabatts konnte für die Loyalität nicht festgestellt werden (H4b). Das kann daran liegen, dass die Hauptgründe der Facebook-Nutzer laut einer aktuellen Studie die Nutzung der Marke oder der Wunsch diese zu unterstützen sind, weshalb sie deren Facebook-Seite mit „Gefällt mir" markieren. Zwar ist auch ein Rabatt auf Platz 3 der Gründe, allerdings nur, wenn dieser erfordert, dass die Seite mit „Gefällt

---

[163] Vgl. Manchanda, et al. 2006, S. 106.
[164] Vgl. Olenski 2012.
[165] Vgl. Wang, et al. 2012, S. 204 f.
[166] Vgl. Xu, Huang 2014, S. 1300.
[167] Vgl. Aydinli, et al. 2014, S. 93.

56

mir" markiert wird.[168] Bei der vorliegenden Anzeige war das nicht nötig, um den Rabatt einlösen zu können.

Hypothese 4c besagt, dass der Rabatt sich positiv auf die soziale Word-of-Mouth Kommunikation auswirkt. Das konnte nicht bestätigt werden und steht damit im Gegensatz zu einer anderen Studie, gemäß derer Sonderaktionen und Preise zu den größten Themen der Word-of-Mouth Kommunikation im Einzelhandel zählen.[169] Lovett, et al. 2013 machen deutlich, dass sich online und offline WOM deutlich unterscheiden.[170] Die Auswirkung von Rabatt-Angeboten in Social Media sollte in anderen Studien daher noch genauer im Online-Kontext untersucht werden.

Die Hypothesen 5a/5b, die Abnahme der Effektivität der Anzeige mit zunehmender Dauer der Laufzeit auf Kaufabsicht und Loyalität, konnten ebenfalls bewiesen werden. Das deckt sich mit zahlreichen anderen Studien, welche die Wiederholung von Werbeanzeigen untersucht haben. Es konnte immer ein negativer Trend für die Effektivität im Zeitverlauf festgestellt werden.[171] Die Hypothese 5c, welche diese negative Auswirkung auch für die Word-of-Mouth Kommunikation annimmt, konnte nicht bestätigt werden. Die Variable hatte einen sehr geringen positiven Einfluss.

Hypothese 6 konnte ebenfalls bestätigt werden. Die Platzierung der Werbeanzeige sowohl in der Neuigkeiten-Spalte als auch auf einem Smartphone verbessert die Werbewirkung. Das deckt sich mit der gängigen Forschung zum Product Placement[172], da die Werbung nicht direkt als solche zu erkennen ist. Eine weitere Erklärung ist der direkte Fokus, der positiven Einfluss auf die Werbewirkung hat.[173] Durch die Platzierung in den Neuigkeiten befindet sich die Anzeige direkt im Blickfeld des Nutzers, was bei Zugriff über ein Smartphone noch verstärkt wird, da die Anzeige hier bildschirmfüllend angezeigt wird. Die Anzeige besteht hauptsächlich aus einem großen Bild. In der Neuigkeiten-Spalte sind ebenfalls viele Textbeiträge vorhanden. Hsieh, et al 2012 stellten fest,

---

[168] Vgl. Kilroy 2013.
[169] Vgl. Higie, et al. 1987, S. 268.
[170] Vgl. Lovett, et al. 438
[171] Vgl. Rau,et al. 2014, S. 470; Kirmani 1997, S. 84.
[172] Vgl. Karışık 2014, S. 272 f.
[173] Vgl. Yo 2009, S. 236.

dass eine Werbeanzeige effektiver ist, wenn es sich um ein Bild zwischen Textpassagen handelt.[174]

5.4.1 Limitationen der Studie

Die vorliegende Studie unterliegt gewissen Einschränkungen, welche bei Übertragung der Ergebnisse auf andere Situationen beachtet werden müssen. Die beworbenen Produkte sind sehr speziell, da es sich um ein Nischenprodukt von Videospielzubehör handelt. Die angesprochene Kundengruppe ist demnach nicht repräsentativ für alle Internetnutzer. Die demografischen Merkmale wurden durch die Zielgruppenauswahl auf männliche Personen unter 34 Jahren beschränkt. Eine Überprüfung der Übertragbarkeit der Ergebnisse auf eine breitere Zielgruppe wäre daher empfehlenswert.

Die Messung der Kaufabsicht erfolgte mittels der Klicks, die die Anzeige erhalten hat. Zwar können diese wie dargestellt als Vorstufe eines Kaufs gesehen werden und auch der Vergleich mit den tatsächlichen Verkäufen bestätigt diese Annahme. Für zukünftige Forschungen könnte aber bei einem größer angelegten Experiment die Überprüfung mittels Regression der tatsächlichen Verkäufe durchgeführt werden.

Es wurde ein prozentualer Rabatt ohne weitere Einschränkungen für die vorliegende Untersuchung gewählt. Es gibt zahlreiche Studien, die sich mit dem Einfluss der gewählten Rabattart beschäftigen. So können beispielsweise Rabatte mit und ohne Mindestbestellwert[175], kostenlosen Produktbeigaben[176] sowie Dauer und Höhe des Rabattes andere Ergebnisse liefern.[177] Bei zukünftigen Arbeiten könnten also Variationen des Rabattes überprüft werden.

5.4.2 Handlungsempfehlungen für die Praxis

Sieht man sich die Ergebnisse der Werbekampagne der vorliegenden Arbeit an, wird deutlich, dass Retargeting eine effiziente neue Form der Zielgruppenansprache darstellt. Nahezu alle Hypothesen konnten bestätigt werden. Bei der Umsetzung sollte man sich

---

[174] Vgl. Hsieh, et al 2012 S. 1698.
[175] Vgl. Teng 2009, S. 18.
[176] Vgl. Hardesty, Bearden 2003, S. 24.
[177] Vgl. Alba, et al. 1999, S. 110.

als Werbetreibender aber genau überlegen, welche Ziele man mit der Werbung verfolgen möchte. Durch die zweite Gleichung (Hypothese 2, 4b, 5b) ist erkennbar, dass der Rabatt keine Erklärungsvariable für die Loyalität der Kunden darstellt.[178] Geht es also nicht primär um Verkäufe, sondern um Kundenbindung, könnte ein niedriger oder kein Rabatt ebenfalls gute Ergebnisse liefern.

Retargeting kann auch mittels Google Adwords erfolgen. Facebook bietet aber den Vorteil, dass durch die spezifischen Merkmale auch andere Faktoren wie Loyalität und Word-of-Mouth Kommunikation einbezogen werden, was mittels Adwords nicht möglich wäre. Zudem werden unnötige Kosten vermieden, die entstehen, wenn das Unternehmen bereits eine gute Position in der organischen Google-Suche hat.[179]

Der negative Einfluss des Zeitverlaufs ist aus den Ergebnissen deutlich ersichtlich. Retargeting sollte also bestenfalls entweder auf eine sehr große Gruppe angewandt werden, oder die Zeitspanne, in der ein Kunde nach Besuch des Shops in dieser Gruppe bleibt, verkürzt werden. So kommt es nicht zu mehrfach Einblendungen der Werbung und das Budget wird besser genutzt.

Trotz der in der vorliegenden Studie herausgestellten Vorzüge des Retargeting kann es für bestimmte Anbieter sinnvoll sein, weiterhin traditionelle Methoden der Zielgruppenansprache zu verwenden. Chen, Stallaert 2014 haben berechnet, dass sich die höheren Kosten[180], die sich durch die Einschränkung der Zielgruppe ergeben, nicht lohnen, wenn es wenig Konkurrenz um die Werbeplätze gibt.[181]

Anbieter von sensiblen Produkten sollten ebenfalls genau abwägen, ob diese Art der Werbung für sie sinnvoll ist, da Kunden hier besonders empfindlich reagieren, wenn die vermeintlich sicher geglaubten Informationen über ihr Surfverhalten für personalisierte Werbung genutzt werden.[182] Generell ist es empfehlenswert, Kunden über den Einsatz von Cookies und die Verwendung ihrer Daten aufzuklären, wie das bereits von vielen

---

[178] Vgl. S. 50.
[179] Vgl. Li 2014, S. 54.
[180] Vgl. Tabelle 4.
[181] Vgl. Chen, Stallaert 2014, S. 447.
[182] Vgl. Puzakova 2013, S. 530 f.

Internetshops durch Einblendungen auf der Startseite getan wird. Wird der Kunde nicht informiert, kann das Vertrauen in den Händler geschädigt werden.[183]

Im Verlauf der Anzeigenschaltung kam es zu einer starken Zunahme an Kundenanfragen über Facebook. Da diese eine schnelle Beantwortung erwarten, muss der Mehraufwand an Kundenbetreuung ebenfalls bei der Entscheidung, ob Retargeting über Facebook eingesetzt werden soll, bedacht werden.

6 Fazit

Ziel der vorliegenden Studie war es, die Erfolgsmessung der Werbeform Retargeting bei Facebook zu untersuchen. Zu diesem Zwecke wurden die wichtigsten Kriterien der Erfolgsmessung klassischer Bannerwerbung sowie spezifische Kriterien der Werbung über Facebook vorgestellt. Dabei ergab sich, dass es mittels Facebook nicht nur möglich ist, lediglich Verkäufe zu erzielen, sondern gleichzeitig auch die Loyalität und Word-of-Mouth Kommunikation gefördert werden kann. Die Kennzahlen, die für diese Erfolgsmessung herangezogen werden sollten, sind die Klicks und Verkäufe, die eine Anzeige erhalten hat, wie viele neue Fans gewonnen werden konnten und wie oft die Anzeige in sozialem Kontext angeklickt wurde.

Was Retargeting betrifft, konnte anhand der Auswertung der umgesetzten Werbekampagne festgestellt werden, dass diese sehr präzise Zielgruppenansprache große Vorteile gegenüber vergleichbaren Methoden bringt. Wird ein Rabatt in die Werbung integriert, steigt die Effizienz der Werbemaßnahme weiter an. Wie in Kapitel 3 dargestellt, ist der Produktpreis als entscheidendes Kaufargument zu sehen. Besucher eines Internetshops, die diesen ohne Kauf verlassen haben, können mittels Retargeting gezielt angesprochen und durch den Rabatt zum Kauf animiert werden, sollten sie von Mängeln des Shops abgehalten worden sein.

Die Nutzung von Social Media zur Umsetzung einer Retargeting-Kampagne bringt ebenfalls viele Vorteile. Dadurch wird ein direkter Kontakt zum Kunden möglich, der in der heutigen Zeit immer wichtiger wird. Kunden erwarten schnelle Hilfe bei Problemen

---

[183] Vgl. Jai 2010, S. 90

und Verlassen sich bei ihrer Kaufentscheidung immer mehr auf Informationen, die sie aus sozialen Netzwerken beziehen. Durch diese Plattform wird eine Zwei-Wege-Kommunikation ermöglicht, die für besseren Kundenservice und somit loyalere Kunden sorgt. Die Kosten für die Implementation von Retargeting sind stark gesunken, da diese Option seit 2014 innerhalb von Facebook nicht mehr nur über spezialisierte Firmen angeboten wird, sondern jedem zur Verfügung steht. Somit kann jedes Unternehmen diese Werbeform ausprobieren, ohne monatliche Grundgebühren oder hohe Kosten pro Klick in Kauf nehmen zu müssen.

Insgesamt kann festgestellt werden, dass Werbetreibende diese relativ neue Werbeform in Betracht ziehen sollten, um ihren Umsatz zu steigern und direkt auf ihre Kunden zuzugehen. Streueffekte wie bei klassischer Werbung können minimiert oder vermieden werden. Des Weiteren können Verbundeffekte genutzt werden, die mit der Präsenz des Unternehmens auf einer Social Media Plattform einhergehen.

Literaturverzeichnis

Adex Benchmark 2013. European Online Advertising Expenditure. http://www.iabeurope.eu/files/8214/0654/8359/IAB_Europe_AdEx_Benchmark _2013_Report_v2.pdf, 2014-07-11, Access on 2015-04-24.

Agarwal, A.; Hosanagar, K.; Smith, M. 2011. Location, Location, Location: An Analysis of Profitability of Position in Online Advertising Markets, *Journal of Marketing Research* (48:6), S. 1057–1073.

Alba, J. W.; Mela, C. F.; Shimp, T. A.; Urbany, J. E. 1999. The Effect of Discount Frequency and Depth on Consumer Price Judgments, *Journal Of Consumer Research* (26:2), S. 99–114.

Allfacebook.de 2014. Audience Insights: Aktuelle Zahlen und Fakten über deutsche Facebook-Nutzer. http://allfacebook.de/zahlen_fakten/facebook-deutschland-statistik, 2014-05-13, Access on 2015-04-24.

Alrec, P. L.; Settle, R. B. 2007. Consumer reactions to online behavioural tracking and targeting, *Journal of Database Marketing & Customer Strategy Management* (15), S. 11–23. DOI: 10.1057/palgrave.dbm.3250069.

Andzulis, J.; Panagopoulos, N. G.; Rapp, A. 2012. A Review of Social Media and Implications for the Sales Process, *Journal of Personal Selling & Sales Management* (32:3), S. 305–316. DOI: 10.2753/PSS0885-3134320302.

Asdemir, K.; Kumar, N.; Jacob, V. S. 2012. Models for Online Advertising: CPM vs. CPC, *Information Systems Research (23:3)*, S. 804–822. DOI: 10.1287 /isre.1110.0391.

Atkinson, G.; Driesener, C.; Corkindale, D. 2014. Search Engine Advertisement Design Effects on Click-Through Rates, *Journal of Interactive Advertising* (14:1), S. 24–30. DOI: 10.1080/15252019.2014.890394.

Austin, M. 2013. More than an activity: How passive 'shopping' is changing the path to purchase. http://www.quirks.com/articles/2013/20130526-2.aspx, 2013-05, Access on 2015-05-24.

Awad, N. F.; Ragowsky, A. 2008. Establishing Trust in Electronic Commerce Through Online Word of Mouth:An Examination Across Genders, *Journal of Management Information Systems (24:4)*, S. 101–121. DOI 10.2753/MIS0742-1222240404.

VI

Aydinli, A.; Bertini, M.; Lambrecht, A. 2014. Price Promotion for Emotional Impact, *Journal of Marketing* (78), S. 80–96.

Barreto, A. M. 2014. The word-of-mouth phenomenon in the social media era, *International Journal of Market Research* (56:5), S.631–654. DOI: 10.2501/IJMR-2014-043.

Beales, H. 2010. The Value of Behavioral Targeting. http://www.networkadvertising.org/pdfs/Beales_NAI_Study.pdf, 2010-03-24, Access on 2015-04-24.

Beerli-Palacio, J. D. M.-S. A. 2012. The effectiveness of web ads: rectangle vs. contextual banners, *Online Information Review* (36:3), S. 420 – 441. DOI: 10.1108/14684521211241431.

Bender, R.; Lange, S. 2007. Was ist der p-Wert?– Artikel Nr. 7 der Statistik-Serie in der DMW. http://www.rbsd.de/PDF/DMW/DMW-2007-S1-07.pdf, Access on 2015-07-03.

Benton, J. 2011. "Like," "share," and "recommend": How the warring verbs of social media will influence the news' future. http://www.niemanlab.org/2011/02/like-share-and-recommend-how-the-warring-verbs-of-social-media-will-influence-the-news-future/, 2011-02-28, Access on 2015-06-29.

BEVH Bundesverband E-Commerce und Versandhandel 2014. Frühjahr-Umfrage 2014: Mobiler Einkauf und Bezahlung mit Smartphone und Tablet. http://www.bevh.org/uploads/media/Boniversum_bevh_Mobiler_Einkauf_Fr%C3%BChjahr_2014_Gesamtbericht.pdf, 2014-22-05 Access on 2015-05-21.

Biswas, A.; Bhowmick, S.; Guha, A.; Grewal, D. 2013. Consumer Evaluations of Sale Prices: Role of the Subtraction Principle, *Journal of Marketing* (77), S. 49–66.

Boland, B. 2014. Organic Reach on Facebook: Your Questions Answered. https://www.facebook.com/business/news/Organic-Reach-on-Facebook. 2014-06-05, Access on 2015-04-24.

Bressolles, G.; Durrieu, F.; Senecal, S. 2014. A consumer typology based on e-service quality and e-satisfaction, *Journal of Retailing and Consumer Services* (21), S. 889–896. DOI: 10.1016/j.jretconser.2014.07.004.

Burnham, K. 2014 Facebook Organic Reach: 5 Facts For Businesses. http://www.informationweek.com/software/social/facebook-organic-reach-5-facts-for-businesses
/d/d-id/1269509, 6/7/2014 Access on 2015-3-30.

Burns, R. P.; Burns, R. 2009. Business Research Methods and Statistics Using SPSS, New York, USA, SAGE Pulications Ltd.

Chen, J.; Stallaert, J. 2014. An Economic Analysis Of Online Advertising Using Behavioral Targeting, *Mis Quarterly* (38:2), S. 429–449.

Chiu, C.-M; Chang, C.-C.; Cheng, H.-L.; Fang, Y.-H. 2009. Determinants of customer repurchase intention in online shopping, *Online Information Review* (33:4), S.761–784.

Cho, C.-H. 2003. Factors Influencing Clicking of Banner Ads on the WWW, *Cyberpsychology & Behavior* (6:2), S.201–215. DOI: 10.1089/109493103321640400.

CMO Council 2011. Social Brand Experience. http://www.cmocouncil.org/images/uploads/216.pdf, Access on 2015-05-11.

Dhara, J.; Kumar, A. J. 2014. Analyzing Social Media Engagement and its Effect on Online Product Purchase Decision Behavior, *Journal of Human Behavior in the Social Environment* (24:7), S. 791–798. DOI: 10.1080/10911359.2013.876376.

Do-Not-Track Online Act of 2013. https://www.congress.gov/bill/113th-congress/senate-bill/418/text, Access on 2015-05-11.

Fagerstroma, A.; Ghineab, G. 2011. On the motivating impact of price and online recommendations at the point of online purchase, *International Journal of Information Management* (31), S. 103–110. DOI: 10.1016/j.ijinfomgt.2010.10.013.

Faryabi, M.; Sadeghzadeh, K.; Saed, M. 2012. The Effect of Price Discounts and Store Image on Consumer's Purchase Intention in Online Shopping Context Case Study: Nokia and HTC, *Journal of Business Studies Quarterly* (4:1), S. 197-205.

Freid, J. 2013. Facebook Launches New Retargeting Capabilities. http://searchenginewatch.com/sew/news/2301119/facebook-launches-new-retargeting-capabilities, 2013-10-17, Access on 2015-04-24.

Fulgoni, G. M.; Mörn, M. P. 2009. Whither The Click? How Online Advertising Works, *Journal of Advertising Research* (49:2), S. 134–142. DOI: 10.2501/S0021849909090175.

Fulgoni, G.; Lipsman, A. 2014. Digital Game Changers How Social Media Will Help Usher in The Era of Mobile and Multi-Platform Campaign-Effectiveness Measurement, *Journal Of Advertising Research*, S. 11–16. DOI: 10.2501/JAR-54-1-011-016.

Gabler Wirtschaftslexikon, Springer Gabler Verlag (Herausgeber) 2015. Stichwort: Peer Group, online im Internet:

http://wirtschaftslexikon.gabler.de/Archiv/14589/peer-group-v6.html, Stichwort: Fulfillment, online im Internet: http://wirtschaftslexikon.gabler.de/Archiv/82523/fulfillment-v9.html, Access on 2015-06-29.

Gamboa, A. M., Goncalves, H. M. 2014. Customer loyalty through social networks: Lessons from Zara on Facebook, *Business Horizons* (57), S. 709–717. DOI: 10.1016/j.bushor.2014.07.003.

Goldfarb, A. 2014. What is Different About Online Advertising?, *Review of Industrial Organization* (44:2), S. 115–129. DOI: 10.1007/s11151-013-9399-3.

Guo, Q.; Agichtein, E. 2010. Ready to buy or just browsing?: detecting web searcher goals from interaction data. In: *Proceeding SIGIR '10 Proceedings of the 33rd International ACM SIGIR Conference on Research and Development in Information Retrieval,* S. 130–137. DOI: 10.1145/1835449.1835473.

Hardesty, D. M.; Bearden, W. O. 2003. Consumer evaluations of different promotion types and price presentations: the moderating role of promotional benefit level, Journal of Retailing (79), S. 17–25. DOI: 10.1016/S0022-4359(03)00004-6.

HDE (Handelsverband Deutschland) 2015. Jahrespressekonferenz. http://www.einzelhandel.de/index.php/pressekonferenzen/item/125103-hde-jahrespressekonferenz-2015, Access on 2015-04-30.

Higie, R. A.; Feick, L.; Price, L. 1987. Types and Amount of Word-of-Mouth Communications About Retailers, *Journal of Retailing* (63:3), S. 260.

Hofmann, D. 2013. Wie electronic Word-of-Mouth auf Facebook wirkt. http://www.springerprofessional.de/wie-electronic-word-of-mouth-auf-facebook-wirkt/3749372.html, 2013-07-3, Access on 2015-05-11.

Hsieh, Y.-C., Chen, K.-H., Ma, M.-Y. 2012. Retain viewer's attention on banner ad by manipulating information type of the content, *Computers in Human Behavior* (28:5), S. 1692–1699. DOI:10.1016/j.chb.2012.04.008.

Huang, Y.; Wang, L.; Shi, J. 2012. How Attachment Affects the Strength of Peer Influence on Adolescent Consumer Behavior, *Psychology and Marketing* (29:8), S. 558–567. DOI: 10.1002/mar.20543.

Hutter, K.; Hautz, J.; Dennhardt, S.; Füller, J. 2013. The impact of user interactions in social media on brand awareness and purchase intention: The case of MINI on Facebook, *Journal of Product & Brand Management* (22:5:6), S. 342–351. DOI: 10.1108/JPBM-05-2013-0299.

Internet World Business 2014 38. WWW-Benutzer-Analyse W3B. http://heftarchiv.internetworld.de/content/download/118262/3108443/file/INTE RNET%20WORLD%20Business%20Ausgabe%2020.pdf, Access on 2015-05-11.

Jai, T.-M. 2010. The Impact of Unsolicited Behavioral Tracking Practices on Consumers' Shopping Evaluations and Attitudes toward Trusted Online Retailers, Dissertation for the degree of Doctor of Philosophy in Design and Human Environment presented on June 4, 2010.

Jai, T.-M..; Burns, L. D.; King, N. J. 2013. The effect of behavioral tracking practices on consumers' shopping evaluations and repurchase intention toward trusted online retailers, *Computers in Human Behavior* (29), S. 901–909. DOI: 10.1016/j.chb.2012.12.021.

Jensen, M.; Drozdenko, R. 2004. The effects of discount levels on purchase intention and quality perceptions of different product categories and brand characteristics. In: *Proceedings of the Northeast Business & Economics Assn. Conference.*

Kanich, C.; Kreibich, C.; Levchenko, K.; Enright, B.; Voelker, G.M.; Paxson, V.; Savage, S. 2008. Spamalytics: An Empirical Analysis of Spam Marketing Conversion. http://www.icsi.berkeley.edu/pubs/networking/2008-ccs-spamalytics.pdf , Access on 2015-05-11.

Karışık, V. J. 2014. Years of Research on Product Placement in Movie, Television and Video Game Media, *Journal of Economic and Social Studi*es (4:2), S. 253–283. DOI: 10.14706/JECOSS114210.

Kilroy, D. 2013 By the Numbers: Why People Become Facebook Fans. http://www.sociallystacked.com/2013/07/by-the-numbers-why-people-become-facebook-fans/, 2013-07-08, Access on 2015-06-29.

Kirmani, A. 1997. Advertising Repetition as a Signal of Quality: If It's Advertised So Much, Something Must Be Wrong, *Journal of Advertising* (26:3), S. 77–86.

Köcher, R.; Bruttel, O. 2011. IT & Society 2011. Anzahl der Internetnutzer in Deutschland, die Informationen über Produkte und Dienstleistungen online suchen, nach genutzten Informationsquellen von 2013 bis 2014 (in Millionen). http://www.infosys.com/de/newsroom/press-releases/documents/social-media-it-society2011.pdf, Access on 2015-05-20.

X

Lambrecht, A.; Tucker, C. 2013. When Does Retargeting Work? Information Specifici-
ty in Online Advertising, *Journal of Marketing Research*, (50:5), S. 561–576.
DOI: 10.1509/jmr.11.0503.

Laroche, M.; Cleveland, M.; Maravelakis, I. 2006. Competitive advertising interference
and ad repetition effects: comparing high-share and low-share brands, *International Journal of Advertising* (25:3), S. 271–307.

Lee, J.; Ahn,J.-H.; Park, B. 2015. The effect of repetition in Internet banner ads and the
moderating role of animation, *Computers in Human Behavior* (46), S. 202–209.
DOI: 10.1016/j.chb.2015.01.008.

Lee, J.W. ; Ahn, J.-H. 2012. Attention to Banner Ads and Their Effectiveness: An Eye-
Tracking Approach, *International Journal of Electronic Commerce* (17:1), S.
119–137. DOI: 10.2753/JEC1086-4415170105.

Li, H.; Kannan, P. K. 2014. Attributing Conversions in a Multichannel Online Marketing Environment: An Empirical Model and a Field Experiment, *Journal of Marketing Research (51)*, S. 40–56. DOI: 10.1509/jmr.13.0050.

Lipsman, A.; Mudd, G.; Rich, M.; Bruich, S. 2012. The Power of "Like" How Brands
Reach (and Influence) Fans Through Social-Media Marketing, *Journal of Advertising Research*, S. 40–52. DOI: 10.2501/JAR-52-1-040-052.

Lohtia, R.; Donthu, N.; Yaveroglu, I. 2007. Evaluating the efficiency of Internet banner
advertisements, *Journal of Business Research* (60), S. 365–370. DOI:
10.1016/j.jbusres.2006.10.023.

Lovett, M. J.;Peres, R.; Shachar, R. 2013. On Brands and Word of Mouth, *Journal of
Marketing Research* (50), S. 427–444. DOI: 10.1509/jmr.11.0458.

Macleod, I. 2013. Price, reliability and choice key factors when making purchase deci-
sions online. http://www.thedrum.com/news/2013/03/19/price-reliability-and-
choice-key-factors-when-making-purchase-decisions-online, 2013-03-19, Access on 2015-07-03.

Manchanda, P.; Dubé, J.-P.; Goh, K. G.; Chintagunta, P. K. 2006. The Effect of Banner
Advertising on Internet Purchasing, *Journal of Marketing Research* (98:43), S.
98–108. DOI: 10.1509/jmkr.43.1.98.

Mangiaracina, R.; Perego, A.; Brugnoli, G. 2009. The eCommerce Customer Journey:
A Model to Assess and Compare the User Experience of the eCommerce Web-
sites, *Journal of Internet Banking and Commerce* (14:3), S. 1–11.

Marsh, P. 2013. Ad Targeting 101: Eight Types of Targeting. http://blog.atex.com/the-atex-blog-1.1483/ad-targeting-101-eight-types-of-targeting-1.3028, 2013-09-11, Access on 2015-07-1.

Mitchell, A. 2002. The Effect of Banner Advertisements on Judgment and Choice, *Advances in Consumer Research* (29), S. 257–258.

Miyazaki, A. D.; Fernandez, A. 2001. Consumer Perceptions of Privacy and Security Risks for Online Shopping, *Journal of Consumer Affairs* (35:1), S. 27–44.

Mulhern, F. J.; Padgett, D. T. 1995. The Relationship Between Retail Price Promotions and Regular Price Purchases, *Journal of Marketing* (59:4), S. 83.

Munnukka, J. 2008. Customers' purchase intentions as a reflection of price perception, *Journal of Product & BrandManagement* (17:3), S. 88–196. DOI: 10.1108/10610420810875106.

Nenonen, S.; Rasila, H.; Junnonen, J-M.; Kärnä, S. 2008. Customer Journey – a method to investigate user experience. In: Keith, A. (Ed.). Usability of Workplaces - Phase 2, Rotterdam, Niederlande, in-house publishing.

Nielsen Company 2011. Beyond Clicks and Impressions: Examining the Relationship Between Online Advertising and Brand Building. https://www.facebook-studio.com/fbassets/resource/32/Nielsen-BrandEffectandCTRWhitePaper.pdf, Access on 2015-04-24.

Nill, A.; Aalberts, R. J. 2014. Legal and Ethical Challenges of Online Behavioral Targeting in Advertising, *Journal of Current Issues & Research in Advertising* (35:2), S. 126–146. DOI: 10.1080/10641734.2014.899529.

Nobre, H.; Silva, D. 2014. Social Network Marketing Strategy and SME Strategy Benefits, *Journal of Transnational Management* (19), S.138–151. DOI: 10.1080/15475778.2014.904658.

Olenski, S. 2012. Are Brands Wielding More Influence In Social Media Than We Thought?. http://www.forbes.com/sites/marketshare/2012/05/07/are-brands-wielding-more-influence-in-social-media-than-we-thought/, 2012-07-04, Access on 2015-06-04.

OVK Onlinereport 2015. Zahlen und Trends im Überblick. www.bvdw.org/mybvdw/media/download/report-ovk-report-2015-01.pdf?file=3472, Access on 2015-06-18.

Parasuraman, A.; Zeithaml, V. A.; Malhotra, A. 2005. E-S-QUAL A Multiple-Item Scale for Assessing Electronic Service Quality, *Journal of Service Research* (7:3), S 213–233. DOI: 10.1177/1094670504271156.

Parker, S 2012. The 5 Types of Facebook Fans (and How to Keep Them). http://www.socialmediatoday.com/content/5-types-facebook-fans-and-how-keep-them, 2012-11-06, Access on 2015-05-22.

Poon, W.-C.; Lee, C. K.-C. 2012. E-Service Quality: An Empirical Investigation, *Journal of Asia-Pacific Business* (13:3), S. 229–262. DOI: 10.1080/10599231.2012.690682.

Powers, T.; Advincula, D.; Austin, M. S.; Graiko, S.; Snyder, J. 2012. Digital and Social Media In the Purchase Decision Process- A Special Report from the Advertising Research Foundation, *Journal Of Advertising Research*, S. 479–489. DOI: 10.2501/JAR-52-4-479-489.

Prendergast, G.; Ko, D.; Yuen, S. Y. V. 2010. Online word of mouth and consumer purchase intentions, *International Journal of Advertising* (29:5), S. 687–708. DOI: 10.2501/S0265048710201427.

Puscher, F. 2011. Wiedersehen Umstrittene Werbeverfahren: Behavioral und Retargeting. http://www.heise.de/ix/artikel/Wiedersehen-1153271.html, 2011-01-24, Access on 2015-04-24.

Puzakova, M.; Rocereto, J. F.; Kwak, H. 2013. Ads are watching me - A view from the interplay between anthropomorphism and customisation, *International Journal of Advertising* (32:4), S. 513–538. DOI: 10.2501/IJA-32-4-513-538.

Qualtrics, Adroll 2015. State of the Industry: Europe -Retargeting, performance, and the rise of the programmatic marketer, https://www.adroll.com/de-DE/resources/reports/state-of-the-industry-europe, Access on 2015-3-30.

Rafiq, M.; Lu, X.; Fulford, H. 2012. Measuring Internet retail service quality using E-S-QUAL, *Journal of Marketing Management* (28:9–10), S. 1159–1173. DOI: 10.1080/0267257X.2011.621441.

Rao, A. S; Rao, V. G. 2013. Service Quality in e-Commerce and Strategic Advantage: An Empirical Assessment, *The IUP Journal of Business Strategy*, (10:2), S. 50–66.

Rau, P.-L., P.; Zhou, J.; Chen, D.; Lu, T.-P. 2014. The influence of repetition and time pressure on effectiveness of mobile advertising messages, *Telematics and Informatics* (31), S. 463–476. DOI: 10.1016/j.tele.2013.10.003.

Rohrlack, C. 2009. Logistische und Ordinale Regression. In: Albers, S.; Klapper, D.; Konradt, U.; Walter, W.; Wolf, J. (Ed.). Methodik der empirischen Forschung, Wiesbaden, Germany, Gabler-Verlag, S. 267–282.

Rossmann, A. 2013. Auf der Suche nach dem Return on Social Media - Perspektiven und Grenzen der Erfolgsmessung im Social Web- Studie der Universität St. Gallen Institut für Marketing. http://www.marketing.ch/LinkClick.aspx?fileticket=An6wO9i2Cko%3D&tabid =109&portalid=0&mid=458&tag=, Access on 2015-3-30.

Social Media Atlas 2013. Social Media Nutzung in Deutschland. http://social-media-atlas.faktenkontor.de/2013/index.php, Access on 2015-04-24.

Stoel, J. E. L. L. 2014. High versus low online price discounts: effects on customers' perception of risks, *Journal of Product & Brand Management* (23:6), S. 401 – 412. DOI: 10.1108/JPBM-06-2014-0633.

Teng, L. 2009. A comparison of two types of price discounts in shifting consumers' attitudes and purchase intentions, *Journal of Business Research* (62), S. 14–21. DOI: 10.1016/j.jbusres.2007.11.014.

Teradata 2011. Europäischer Social Media & E-Mail Monitor Teil 3: Die Entscheider-Befragung. http://marketing.teradata.com/DE/lp/sms-entscheiderbefragung/?referrer=ecircle.com, Access on 2015-03-01.

Tiago, M. T. P. M. B.; Veríssimo, J. M. C. 2014. Digital marketing and social media: Why bother?, *Business Horizons* (57), S. 703–708. DOI: 10.1016/j.bushor.2014.07.002.

Tsao, W.-C.; Tseng, Y.-L. 2011. The impact of electronic-service quality on online shopping behaviour, *Total Quality Management* (22:9), S. 1007–1024. DOI: 10.1080/14783363.2011.593869.

Van den Poel, D.; Buckinx, W. 2005. Predicting online-purchasing behaviour, *European Journal of Operational Research* (166), S. 557–575. DOI: 10.1016/j.ejor.2004.04.022.

Wang, J.-C.; Day, R.-F. 2007. The effects of attention inertia on advertisements on the WWW, *Computers in Human Behavior* (23:3), S. 1390–1407. DOI: 10.1016/j.chb.2004.12.014.

Wang, X.; Yu, C.; Wei, Y. 2012. Social Media Peer Communication and Impacts on Purchase Intentions: A Consumer Socialization Framework, *Journal of Interactive Marketing* (26), S. 198–208. DOI: 10.1016/j.intmar.2011.11.004.

Wells, J. D.; Parboteeah, V.; Valacich, J. S. 2011. Online Impulse Buying: Understanding the Interplay between Consumer Impulsiveness and Website Quality, Journal of the Association for Information Systems (12:1), S.32–56.

White, T.; Zahay, D.; Thorbjørnsen, H.; Shavitt, S. 2008. Getting too personal: Reactance to highly personalized email solicitations, Marketing Letters (19:1), S. 39–50. DOI: 10.1007/s11002-007-9027-9.

Windzio, M. 2013. Regressionsmodelle für Zustände und Ereignisse - Eine Einführung, Wiesbaden, Germany, Springer-Verlag. DOI: 10.1007/978-3-531-18852-2.

Xia, L.; Monroe, K. B. 2004. Price partitioning on the Internet, Journal of Interactive Marketing (18:4), S. 63–73. DOI: 10.1002/dir.20017.

Xu, Y.; Huang, J.-S. 2014. Effects of price discounts and bonus packs on online impulse buying, Social Behavior and Personality (42:8), S. 1293–1302. DOI: 10.2224/sbp.2014.42.8.1293.

Yang, T. 2012. The decision behavior of facebook users, Journal of Computer Information Systems, S. 50–59.

Yo, C. J. 2009. Effects beyond click-through: Incidental exposure to web advertising, Journal of Marketing Communications (15:4), S. 227–246. DOI: 10.1080/13527260802176419.

Zaichkowsky, J. L. 1985. Measuring the Involvement Construct, Journal of Consumer Research (12:3), S. 341–352.

Zenetti, G.; Bijmolt, T. H. A.; Leeflang, P. S. H.; Klapper, D. 2014. Search Engine Advertising Effectiveness in a Multimedia Campaign, International Journal of Electronic Commerce (18:3), S. 7–38. DOI: 10.2753/JEC1086-4415180301.

Anhang 1: Tracking-Code

```
<!-- Facebook Conversion Code for Auswertungspixel Controller -->
<script>(function() {
    var _fbq = window._fbq || (window._fbq = []);
    if (!_fbq.loaded) {
        var fbds = document.createElement('script');
        fbds.async = true;
        fbds.src = '//connect.facebook.net/en_US/fbds.js';
        var s = document.getElementsByTagName('script')[0];
        s.parentNode.insertBefore(fbds, s);
        _fbq.loaded = true;
    }
})();
window._fbq = window._fbq || [];
window._fbq.push(['track', '6006375188129', {'value':'0.00','currency':'EUR'}]);
</script>
<noscript><img height="1" width="1" alt="" style="display:none"
src="https://www.facebook.com/tr?ev=6006375188129&amp;cd[value]=0.00&amp;cd[
currency]=EUR&amp;noscript=1"
/></noscript>
```

Anhang 2: Nutzerfluss aus Google Analytics

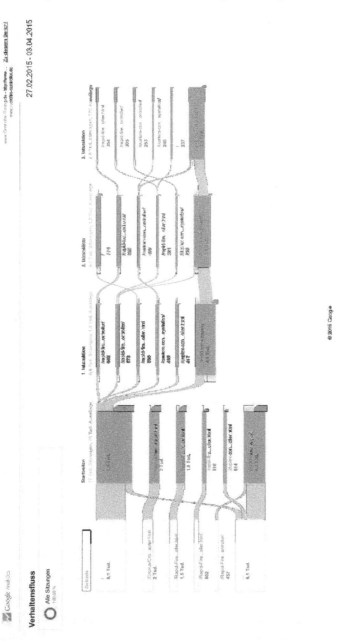

Anhang 3: Kennzahlen Google-Analytics

Gerätekate gorie	Sitzungen	Neue Sitzungen in %	Neue Nutzer	Absprungrate	Seiten/ Sitzung	Durchschnittl. Sitzungsdauer
mobile	70117	64,19%	45006	54,73%	3,57	130,05
desktop	60205	75,15%	45247	46,76%	4,20	159,93
tablet	14541	62,79%	9131	49,18%	4,11	160,07
	144863	68,61%	99384	50,86%	3,89	145,48

Alter	Sitzungen
18-24	16286
25-34	12716
35-44	3332
45-54	1237
55-64	442
65+	267
	34280

Geschlecht	Sitzungen
male	44016
female	3729
	47745

Zeitraum 26.02.2014- 26.02.2015	Sitzungen
Gesamt	144863
Facebook- Traffic	3317

Anhang 4: SPSS-Ausgabe zu Hypothese 1, 4a, 5a

Probit-Analyse

Hinweise

Ausgabe erstellt		20-JUL-2015 22:13:39
Kommentare		
Eingabe	Aktives Dataset	DataSet1
	Filter	<ohne>
	Stärke	<ohne>
	Aufgeteilte Datei	<ohne>
	Anzahl Zeilen in Arbeitsdatendatei	335
Handhabung fehlender Werte	Definition von 'Fehlend'	Benutzerdefiniert fehlende Werte werden als fehlend behandelt
	Verwendete Fälle	Die Statistik basiert auf allen Fällen mit gültigen Daten für alle Variablen im Modell.
Syntax		PROBIT NormaleKlicks OF NormaleReichweite WITH Zielgruppe Rabatt Tag /LOG NONE /MODEL LOGIT /PRINT FREQ /CRITERIA ITERATE(25) STEPLIMIT(1) OPTOLERANCE(1E-1).
Ressourcen	Prozessorzeit	00:00:00,03
	Verstrichene Zeit	00:00:00,02

[DataSet1]

Dateninformationen

			Anzahl der Fälle
Gültig			335
Abgelehnt	Fehlend		0
	Anzahl der Antworten > Anzahl der Subjekte		0
Kontrollgruppe			233

Konvergenzinformationen

	Anzahl der Iterationen	Optimale Lösung gefunden
LOGIT	13	Ja

Parameterschätzungen

Parameter		Schätzung	Standardfehler	U	Sig.	95%-Konfidenzintervall	
						Untergrenze	Obergrenze
LOGIT[a]	Zielgruppe	,926	,047	19,876	,000	,835	1,017
	Rabatt	1,322	,564	2,345	,019	,217	2,427
	Tag	-,043	,005	-9,469	,000	-,052	-,034
	Konstanter Term	-3,398	,046	-74,369	0,000	-3,444	-3,353

a. LOGIT-Modell: LOG(p/(1-p)) = konstanter Term + BX

Kovarianzen und Korrelationen der Parameterschätzungen

		Zielgruppe	Rabatt	Tag
LOGIT	Zielgruppe	,002	-,056	,100
	Rabatt	-,001	,318	-,816
	Tag	,000	-,002	,000

Kovarianzen (unten) und Korrelationen (oben).

Chi-Quadrat-Tests

		Chi-Quadrat	df[a]	Sig.
LOGIT	Anpassungstest nach Pearson	1008,524	331	,000

a. Auf einzelnen Fällen basierende Statistiken unterscheiden sich von auf aggregierten Fällen basierenden Statistiken.

Zellenanzahl und Residuen

Nummer	Zielgruppe	Rabatt	Tag	Anzahl der Subjekte	Beobachtete Antworten	Erwartete Antworten	Residuum	Wahrscheinlichkeit	Nummer	Zielgruppe	Rabatt	Tag	Anzahl der Subjekte	Beobachtete Antworten	Erwartete Antworten	Residuum	Wahrscheinlichkeit
LOGIT 1	1,000	0,000	1,000	10	1	,746	,252	,075	91	1,000	,100	12,000	27	0	1,462	-1,462	,054
2	1,000	0,000	1,000	88	8	6,579	1,421	,075	92	1,000	,100	13,000	63	0	3,274	-3,274	,052
3	1,000	0,000	1,000	194	26	14,804	11,496	,075	93	1,000	,100	13,000	101	6	5,248	,752	,052
4	1,000	0,000	1,000	5	0	,374	-,374	,075	94	1,000	,100	13,000	634	36	32,943	2,057	,052
5	1,000	0,000	2,000	48	0	3,447	-3,447	,072	95	1,000	,100	13,000	4	0	,208	-,208	,052
6	1,000	0,000	2,000	159	19	11,419	7,581	,072	96	1,000	,100	13,000	10	1	,520	,480	,052
7	1,000	0,000	2,000	491	58	35,263	22,737	,072	97	1,000	,100	14,000	88	1	4,239	-3,239	,050
8	1,000	0,000	2,000	8	0	,575	-,575	,072	98	1,000	,100	14,000	70	1	3,491	-2,491	,050
9	1,000	0,000	2,000	22	0	1,580	-1,580	,072	99	1,000	,100	14,000	409	15	20,395	-5,395	,050
10	1,000	0,000	3,000	23	1	1,887	-,887	,069	100	1,000	,100	14,000	11	0	,549	-,549	,050
11	1,000	0,000	3,000	67	7	4,622	2,378	,069	101	1,000	,100	14,000	24	1	1,197	-,197	,050
12	1,000	0,000	3,000	149	18	10,278	7,722	,069	102	1,000	,150	29,000	28	1	,796	,204	,028
13	1,000	0,000	3,000	7	0	,483	-,483	,069	103	1,000	,150	29,000	36	1	1,023	-,023	,028
14	1,000	0,000	3,000	8	0	,552	-,552	,069	104	1,000	,150	29,000	60	5	1,706	3,294	,028
15	1,000	0,000	4,000	24	0	1,590	-1,590	,066	105	1,000	,150	29,000	1	0	,028	-,028	,028
16	1,000	0,000	4,000	211	21	13,978	7,022	,066	106	1,000	,150	29,000	10	0	,264	-,264	,028
17	1,000	0,000	4,000	543	46	35,972	12,028	,066	107	1,000	,150	30,000	10	0	,273	-,273	,027
18	1,000	0,000	4,000	32	0	2,120	-2,120	,066	108	1,000	,150	30,000	88	4	2,398	1,602	,027
19	1,000	0,000	4,000	67	0	4,439	-4,439	,066	109	1,000	,150	30,000	72	3	1,962	1,038	,027
20	1,000	0,000	5,000	33	0	2,099	-2,099	,064	110	1,000	,150	30,000	3	0	,082	-,082	,027
21	1,000	0,000	5,000	227	8	14,441	-6,441	,064	111	1,000	,150	30,000	9	0	,245	-,245	,027
22	1,000	0,000	5,000	351	22	22,329	-,329	,064	112	1,000	,150	31,000	11	0	,267	-,267	,026
23	1,000	0,000	5,000	37	0	2,354	-2,354	,064	113	1,000	,150	31,000	62	2	1,820	,380	,026
24	1,000	0,000	5,000	88	0	5,596	-5,596	,064	114	1,000	,150	31,000	34	1	,888	,112	,026
25	1,000	0,000	6,000	30	1	1,832	-,832	,061	115	1,000	,150	31,000	4	0	,105	-,105	,026
26	1,000	0,000	6,000	151	3	9,223	-6,223	,061	116	1,000	,150	31,000	11	0	,267	-,267	,026
27	1,000	0,000	6,000	330	36	20,156	15,844	,061	117	1,000	,150	32,000	19	0	,476	-,476	,025
28	1,000	0,000	6,000	18	0	1,099	-1,099	,061	118	1,000	,150	32,000	32	0	,801	-,801	,025
29	1,000	0,000	6,000	31	0	1,893	-1,893	,061	119	1,000	,150	32,000	21	4	,526	3,474	,025
30	1,000	0,000	7,000	16	2	,938	1,062	,059	120	1,000	,150	32,000	30	1	,751	,249	,025
31	1,000	0,000	7,000	72	4	4,222	-,222	,059	121	1,000	,150	32,000	77	0	1,928	-1,928	,025
32	1,000	0,000	7,000	110	8	6,450	1,550	,059	122	1,000	,150	33,000	7	0	,168	-,168	,024
33	1,000	0,000	7,000	7	0	,410	-,410	,059	123	1,000	,150	33,000	45	0	1,080	-1,080	,024
34	1,000	0,000	7,000	10	0	,586	-,586	,059	124	1,000	,150	33,000	23	3	,552	2,448	,024
35	1,000	,050	15,000	55	2	2,471	-,471	,045	125	1,000	,150	33,000	1	0	,024	-,024	,024
36	1,000	,050	15,000	42	0	1,887	-1,887	,045	126	1,000	,150	33,000	8	0	,192	-,192	,024
37	1,000	,050	15,000	81	2	3,639	-1,639	,045	127	1,000	,150	34,000	3	0	,069	-,069	,023
38	1,000	,050	15,000	2	0	,090	-,090	,045	128	1,000	,150	34,000	44	0	1,013	-1,013	,023
39	1,000	,050	15,000	12	0	,539	-,539	,045	129	1,000	,150	34,000	18	0	,414	-,414	,023
40	1,000	,050	16,000	127	4	5,474	-1,474	,043	130	1,000	,150	34,000	6	0	,138	-,138	,023
41	1,000	,050	16,000	79	2	3,405	-1,405	,043	131	1,000	,150	34,000	8	0	,184	-,184	,023
42	1,000	,050	16,000	278	11	11,983	-,983	,043	132	1,000	,150	35,000	5	0	,110	-,110	,022
43	1,000	,050	16,000	15	0	,647	-,647	,043	133	1,000	,150	35,000	44	2	,971	1,029	,022
44	1,000	,050	16,000	33	0	1,422	-1,422	,043	134	1,000	,150	35,000	40	2	,882	1,118	,022
45	1,000	,050	17,000	130	0	5,375	-5,375	,041	135	1,000	,150	35,000	3	0	,066	-,066	,022
46	1,000	,050	17,000	98	3	4,052	-1,052	,041	136	1,000	,150	35,000	6	0	,132	-,132	,022
47	1,000	,050	17,000	324	10	13,397	-3,397	,041	137	1,000	,200	22,000	29	1	1,178	-,178	,041
48	1,000	,050	17,000	11	0	,455	-,455	,041	138	1,000	,200	22,000	88	2	3,575	-1,575	,041
49	1,000	,050	17,000	34	0	1,406	-1,406	,041	139	1,000	,200	22,000	46	3	1,869	1,131	,041
50	1,000	,050	18,000	95	1	3,768	-2,768	,040	140	1,000	,200	22,000	3	0	,122	-,122	,041
51	1,000	,050	18,000	76	1	3,015	-2,015	,040	141	1,000	,200	23,000	48	1	1,870	-,870	,039
52	1,000	,050	18,000	297	11	11,780	-,780	,040	142	1,000	,200	23,000	242	21	9,430	11,570	,039
53	1,000	,050	18,000	13	0	,516	-,516	,040	143	1,000	,200	23,000	280	10	10,910	-,910	,039
54	1,000	,050	18,000	24	0	,952	-,952	,040	144	1,000	,200	23,000	22	1	,857	,143	,039
55	1,000	,050	19,000	16	0	,609	-,609	,038	145	1,000	,200	23,000	58	0	2,260	-2,260	,039
56	1,000	,050	19,000	20	0	,761	-,761	,038	146	1,000	,200	24,000	62	0	2,317	-2,317	,037
57	1,000	,050	19,000	4	1	,152	,848	,038	147	1,000	,200	24,000	242	12	9,044	2,956	,037
58	1,000	,050	19,000	1	0	,038	-,038	,038	148	1,000	,200	24,000	283	6	10,577	-4,577	,037
59	1,000	,050	20,000	16	0	,584	-,584	,036	149	1,000	,200	24,000	18	0	,673	-,673	,037
60	1,000	,050	20,000	46	0	1,679	-1,679	,036	150	1,000	,200	24,000	66	1	2,467	-1,467	,037
61	1,000	,050	20,000	6	0	,219	-,219	,036	151	1,000	,200	25,000	67	2	2,402	-,402	,036
62	1,000	,050	20,000	1	0	,036	-,036	,036	152	1,000	,200	25,000	267	17	9,570	7,430	,036
63	1,000	,050	21,000	17	1	,596	,405	,035	153	1,000	,200	25,000	192	10	6,882	3,118	,036
64	1,000	,050	21,000	10	4	,350	3,650	,035	154	1,000	,200	25,000	9	0	,323	-,323	,036
65	1,000	,050	21,000	10	0	,350	-,350	,035	155	1,000	,200	25,000	47	0	1,685	-1,685	,036
66	1,000	,050	21,000	1	0	,036	-,036	,035	156	1,000	,200	26,000	52	0	1,788	-1,788	,034
67	1,000	,100	8,000	87	1	5,545	-4,545	,064	157	1,000	,200	26,000	258	8	8,869	-,869	,034
68	1,000	,100	8,000	77	4	4,908	-,908	,064	158	1,000	,200	26,000	194	3	6,669	-3,669	,034
69	1,000	,100	8,000	377	25	24,030	,970	,064	159	1,000	,200	26,000	22	0	,756	-,756	,034
70	1,000	,100	8,000	10	0	,637	-,637	,064	160	1,000	,200	26,000	36	0	1,238	-1,238	,034
71	1,000	,100	8,000	19	0	1,211	-1,211	,064	161	1,000	,200	27,000	58	0	1,912	-1,912	,030
72	1,000	,100	9,000	77	2	4,712	-2,712	,061	162	1,000	,200	27,000	229	13	7,549	5,451	,030
73	1,000	,100	9,000	73	5	4,466	,532	,061	163	1,000	,200	27,000	111	5	3,659	1,341	,030
74	1,000	,100	9,000	385	28	23,562	4,438	,061	164	1,000	,200	27,000	21	0	,692	-,692	,030
75	1,000	,100	9,000	13	1	,795	,204	,061	165	1,000	,200	27,000	23	0	,758	-,758	,030
76	1,000	,100	9,000	23	0	1,406	-1,406	,061	166	1,000	,200	25,000	43	0	1,359	-1,359	,032
77	1,000	,100	10,000	88	4	5,171	-1,171	,059	167	1,000	,200	25,000	91	5	2,875	2,124	,032
78	1,000	,100	10,000	123	5	7,227	-2,227	,059	168	1,000	,200	25,000	45	5	1,422	3,578	,032
79	1,000	,100	10,000	511	26	30,024	-4,024	,059	169	1,000	,200	25,000	7	0	,221	-,221	,032
80	1,000	,100	10,000	25	1	1,469	-,469	,059	170	1,000	,200	25,000	14	0	,443	-,443	,032
81	1,000	,100	10,000	34	0	1,996	-1,996	,059	171	0,000	0,000	1,000	801	14	24,843	-10,843	,031
82	1,000	,100	11,000	60	2	3,384	-1,384	,056	172	0,000	0,000	1,000	99	4	3,070	,930	,031
83	1,000	,100	11,000	133	4	7,502	-3,802	,056	173	0,000	0,000	1,000	106	6	3,288	2,712	,031
84	1,000	,100	11,000	539	37	30,401	6,599	,056	174	0,000	0,000	1,000	3	0	,093	-,093	,031
85	1,000	,100	11,000	44	0	2,482	-2,482	,056	175	0,000	0,000	1,000	45	1	1,396	-,396	,031
86	1,000	,100	11,000	76	0	4,287	-4,287	,056	176	0,000	0,000	2,000	577	11	17,159	-6,159	,030
87	1,000	,100	12,000	59	2	3,194	-1,194	,054	177	0,000	0,000	2,000	423	6	12,579	-6,579	,030
88	1,000	,100	12,000	101	4	5,468	-1,468	,054	178	0,000	0,000	2,000	632	45	18,794	26,206	,030
89	1,000	,100	12,000	585	32	31,671	,329	,054	179	0,000	0,000	2,000	1	0	,030	-,030	,030
90	1,000	,100	12,000	12	0	,650	-,650	,054	180	0,000	0,000	3,000	925	12	26,374	-14,374	,029

Nummer	Zielgruppe	Rabatt	Tag	Anzahl der Subjekts	Beobachtete Antworten	Erwartete Antworten	Residuum	Wahrscheinlichk eit
181	0,000	0,000	3,000	248	4	7,071	-3,071	,029
182	0,000	0,000	3,000	1430	67	40,772	26,228	,029
183	0,000	0,000	3,000	15	0	,426	-,426	,029
184	0,000	0,000	3,000	23	0	,656	-,656	,029
185	0,000	0,000	4,000	342	3	9,349	-6,349	,027
186	0,000	0,000	4,000	371	12	10,141	1,859	,027
187	0,000	0,000	4,000	1908	76	52,155	23,845	,027
188	0,000	0,000	4,000	30	0	,820	-,820	,027
189	0,000	0,000	4,000	83	0	2,269	-2,269	,027
190	0,000	0,000	5,000	463	4	11,871	-7,871	,026
191	0,000	0,000	5,000	991	22	25,970	-3,970	,026
192	0,000	0,000	5,000	767	43	20,100	22,900	,026
193	0,000	0,000	5,000	84	0	2,201	-2,201	,026
194	0,000	0,000	5,000	193	3	5,058	-2,058	,026
195	0,000	0,000	6,000	332	7	8,340	-1,340	,025
196	0,000	0,000	6,000	282	4	7,064	-3,064	,025
197	0,000	0,000	6,000	376	21	9,446	11,554	,025
198	0,000	0,000	6,000	54	0	1,357	-1,357	,025
199	0,000	0,000	6,000	72	0	1,809	-1,809	,025
200	0,000	0,000	7,000	441	10	10,620	-,620	,024
201	0,000	0,000	7,000	46	1	1,106	-,106	,024
202	0,000	0,000	7,000	98	4	2,360	1,640	,024
203	0,000	0,000	7,000	26	0	,626	-,626	,024
204	0,000	0,000	7,000	56	0	1,349	-1,349	,024
205	0,000	,050	15,000	2117	12	38,726	-26,726	,018
206	0,000	,050	15,000	14	0	,256	-,256	,018
207	0,000	,050	15,000	7	2	,128	1,872	,018
208	0,000	,050	16,000	3636	48	63,740	-15,740	,018
209	0,000	,050	16,000	480	18	8,064	9,936	,018
210	0,000	,050	16,000	46	3	,806	2,194	,018
211	0,000	,050	17,000	2657	38	44,634	-6,634	,017
212	0,000	,050	17,000	751	19	12,616	6,384	,017
213	0,000	,050	17,000	60	2	1,008	,992	,017
214	0,000	,050	17,000	24	0	,403	-,403	,017
215	0,000	,050	17,000	19	0	,319	-,319	,017
216	0,000	,050	18,000	1641	28	26,416	1,584	,016
217	0,000	,050	18,000	337	9	5,425	3,575	,016
218	0,000	,050	18,000	31	1	,499	,501	,016
219	0,000	,050	18,000	5	0	,080	-,080	,016
220	0,000	,050	18,000	4	0	,064	-,064	,016
221	0,000	,050	19,000	907	8	13,990	-5,990	,015
222	0,000	,050	19,000	215	7	3,316	3,684	,015
223	0,000	,050	19,000	18	0	,278	-,278	,015
224	0,000	,050	20,000	532	11	7,863	3,137	,015
225	0,000	,050	20,000	280	9	4,136	4,862	,015
226	0,000	,050	20,000	49	1	,724	,276	,015
227	0,000	,050	20,000	4	0	,059	-,059	,015
228	0,000	,050	21,000	371	5	5,254	-,254	,014
229	0,000	,050	21,000	205	5	2,903	2,097	,014
230	0,000	,050	21,000	37	4	,524	3,476	,014
231	0,000	,050	21,000	1	0	,014	-,014	,014
232	0,000	,100	8,000	1947	26	51,127	-25,127	,026
233	0,000	,100	8,000	163	4	4,280	-,260	,026
234	0,000	,100	8,000	107	8	2,810	5,190	,026
235	0,000	,100	8,000	7	0	,184	-,184	,026
236	0,000	,100	8,000	11	0	,289	-,289	,026
237	0,000	,100	9,000	1447	19	36,425	-17,425	,025
238	0,000	,100	9,000	314	10	7,904	2,096	,025
239	0,000	,100	9,000	585	36	14,726	20,274	,025
240	0,000	,100	9,000	1	0	,025	-,025	,025
241	0,000	,100	10,000	964	20	23,262	-3,262	,024
242	0,000	,100	10,000	703	15	16,964	-1,964	,024
243	0,000	,100	10,000	825	28	19,908	8,092	,024
244	0,000	,100	10,000	3	0	,072	-,072	,024
245	0,000	,100	10,000	3	0	,072	-,072	,024
246	0,000	,100	11,000	687	9	15,890	-6,890	,023
247	0,000	,100	11,000	1462	34	33,816	,184	,023
248	0,000	,100	11,000	1024	41	23,685	17,315	,023
249	0,000	,100	11,000	170	0	3,932	-3,932	,023
250	0,000	,100	11,000	248	0	5,736	-5,736	,023
251	0,000	,100	12,000	2136	27	47,400	-20,400	,022
252	0,000	,100	12,000	894	14	19,820	-5,820	,022
253	0,000	,100	12,000	530	22	11,750	10,250	,022
254	0,000	,100	12,000	51	1	1,131	-,131	,022
255	0,000	,100	12,000	30	0	,665	-,665	,022
256	0,000	,100	13,000	2380	35	50,873	-15,873	,021
257	0,000	,100	13,000	1566	43	33,276	9,724	,021
258	0,000	,100	13,000	418	15	8,882	6,118	,021
259	0,000	,100	13,000	16	0	,340	-,340	,021
260	0,000	,100	13,000	12	0	,255	-,255	,021
261	0,000	,100	14,000	2969	42	60,466	-18,466	,020
262	0,000	,100	14,000	323	9	6,575	2,422	,020
263	0,000	,100	14,000	174	8	3,544	4,456	,020
264	0,000	,100	14,000	25	0	,509	-,509	,020
265	0,000	,100	14,000	18	0	,367	-,367	,020
266	0,000	,150	29,000	1327	15	15,203	-,203	,011
267	0,000	,150	29,000	38	0	,435	-,435	,011
268	0,000	,150	29,000	176	1	2,016	-1,016	,011
269	0,000	,150	29,000	1	0	,011	-,011	,011
270	0,000	,150	29,000	5	0	,057	-,057	,011
271	0,000	,150	30,000	3104	26	34,068	-8,068	,011

Nummer	Zielgruppe	Rabatt	Tag	Anzahl der Subjekts	Beobachtete Antworten	Erwartete Antworten	Residuum	Wahrscheinlichk eit
272	0,000	,150	30,000	203	2	2,228	-,228	,011
273	0,000	,150	30,000	151	3	1,987	1,013	,011
274	0,000	,150	30,000	1	0	,011	-,011	,011
275	0,000	,150	30,000	4	0	,044	-,044	,011
276	0,000	,150	31,000	1295	17	13,617	3,383	,011
277	0,000	,150	31,000	181	4	1,903	2,097	,011
278	0,000	,150	31,000	239	2	2,513	-,513	,011
279	0,000	,150	31,000	10	0	,105	-,105	,011
280	0,000	,150	31,000	31	0	,326	-,326	,011
281	0,000	,150	32,000	657	6	6,618	-,618	,010
282	0,000	,150	32,000	175	5	1,763	3,237	,010
283	0,000	,150	32,000	41	1	,413	,587	,010
284	0,000	,150	32,000	4	0	,040	-,040	,010
285	0,000	,150	32,000	19	0	,191	-,191	,010
286	0,000	,150	33,000	332	4	3,204	,796	,010
287	0,000	,150	33,000	160	1	1,544	-,544	,010
288	0,000	,150	33,000	42	1	,406	,595	,010
289	0,000	,150	33,000	6	0	,058	-,058	,010
290	0,000	,150	33,000	6	0	,058	-,058	,010
291	0,000	,150	34,000	302	7	2,792	4,208	,009
292	0,000	,150	34,000	99	3	,915	2,085	,009
293	0,000	,150	34,000	25	1	,231	,769	,009
294	0,000	,150	34,000	3	0	,028	-,028	,009
295	0,000	,150	34,000	9	0	,083	-,083	,009
296	0,000	,150	35,000	257	2	2,276	-,276	,009
297	0,000	,150	35,000	401	12	3,551	8,449	,009
298	0,000	,150	35,000	118	3	1,045	1,955	,009
299	0,000	,150	35,000	6	0	,053	-,053	,009
300	0,000	,150	35,000	42	0	,372	-,372	,009
301	0,000	,200	22,000	1423	26	23,473	2,527	,016
302	0,000	,200	22,000	55	0	,907	-,907	,016
303	0,000	,200	22,000	57	3	,940	2,060	,016
304	0,000	,200	22,000	1	0	,016	-,016	,016
305	0,000	,200	22,000	2	0	,033	-,033	,016
306	0,000	,200	23,000	1540	25	24,342	,658	,016
307	0,000	,200	23,000	733	13	11,586	1,414	,016
308	0,000	,200	23,000	69	4	1,091	2,909	,016
309	0,000	,200	23,000	5	0	,079	-,079	,016
310	0,000	,200	23,000	6	0	,095	-,095	,016
311	0,000	,200	24,000	2169	29	32,852	-3,852	,015
312	0,000	,200	24,000	766	15	11,602	3,398	,015
313	0,000	,200	24,000	334	13	5,059	7,941	,015
314	0,000	,200	24,000	20	0	,303	-,303	,015
315	0,000	,200	24,000	76	0	1,151	-1,151	,015
316	0,000	,200	25,000	2692	29	39,068	-10,068	,015
317	0,000	,200	25,000	547	14	7,938	6,062	,015
318	0,000	,200	25,000	324	23	4,702	18,298	,015
319	0,000	,200	25,000	44	0	,639	-,639	,015
320	0,000	,200	25,000	108	0	1,567	-1,567	,015
321	0,000	,200	26,000	842	12	11,708	,292	,014
322	0,000	,200	26,000	671	16	9,330	6,670	,014
323	0,000	,200	26,000	162	10	2,253	7,747	,014
324	0,000	,200	26,000	39	0	,542	-,542	,014
325	0,000	,200	26,000	60	0	,834	-,834	,014
326	0,000	,200	27,000	761	11	10,139	,861	,013
327	0,000	,200	27,000	177	2	2,358	-,358	,013
328	0,000	,200	27,000	139	8	1,852	6,148	,013
329	0,000	,200	27,000	56	0	,746	-,746	,013
330	0,000	,200	27,000	86	0	1,146	-1,146	,013
331	0,000	,200	28,000	499	4	6,370	-2,370	,013
332	0,000	,200	28,000	9	1	,115	,885	,013
333	0,000	,200	28,000	16	3	,204	2,796	,013
334	0,000	,200	28,000	6	0	,077	-,077	,013
335	0,000	,200	28,000	16	0	,204	-,204	,013

Anhang 5: SPSS-Ausgabe zu Hypothese 2, 4b, 5b

Probit-Analyse

Hinweise

Ausgabe erstellt		23-JUL-2015 09:56:37
Kommentare		
Eingabe	Aktives Dataset	DataSet1
	Filter	<ohne>
	Stärke	<ohne>
	Aufgeteilte Datei	<ohne>
	Anzahl Zeilen in Arbeitsdatendatei	335
Handhabung fehlender Werte	Definition von 'Fehlend'	Benutzerdefiniert fehlende Werte werden als fehlend behandelt
	Verwendete Fälle	Die Statistik basiert auf allen Fällen mit gültigen Daten für alle Variablen im Modell.
Syntax		PROBIT „Gefälltmir"AngabenfürdieSeite OF NormaleReichweite WITH Zielgruppe Rabatt Tag /LOG NONE /MODEL LOGIT /PRINT FREQ /CRITERIA ITERATE(25) STEPLIMIT(.001) OPTOLERANCE(1E-1).
Ressourcen	Prozessorzeit	00:00:00,03
	Verstrichene Zeit	00:00:00,03

Dateninformationen

		Anzahl der Fälle
Gültig		335
Abgelehnt	Fehlend	0
	Anzahl der Antworten > Anzahl der Subjekte	0
Kontrollgruppe		233

Konvergenzinformationen

	Anzahl der Iterationen	Optimale Lösung gefunden
LOGIT	22	Ja

Parameterschätzungen

Parameter		Schätzung	Standardfehler	U	Sig.	95%-Konfidenzintervall Untergrenze	Obergrenze
LOGIT[a]	Zielgruppe	,555	,194	2,857	,004	,174	,936
	Rabatt	2,040	2,706	,754	,451	-3,264	7,343
	Tag	-,131	,025	-5,350	,000	-,179	-,083
	Konstanter Term	-5,233	,169	-31,025	,000	-5,402	-5,065

a. LOGIT-Modell: LOG(p/(1-p)) = konstanter Term + BX

Kovarianzen und Korrelationen der Parameterschätzungen

		Zielgruppe	Rabatt	Tag
LOGIT	Zielgruppe	,038	-,022	,065
	Rabatt	-,012	7,322	-,825
	Tag	,000	-,055	,001

Kovarianzen (unten) und Korrelationen (oben).

Chi-Quadrat-Tests

		Chi-Quadrat	df[b]	Sig.
LOGIT	Anpassungstest nach Pearson	620,212	331	,000

Probit-Analyse

Hinweise

Ausgabe erstellt		23-JUL-2015 09:57:53
Kommentare		
Eingabe	Aktives Dataset	DataSet1
	Filter	<ohne>
	Stärke	<ohne>
	Aufgeteilte Datei	<ohne>
	Anzahl Zeilen in Arbeitsdatendatei	335
Handhabung fehlender Werte	Definition von 'Fehlend'	Benutzerdefiniert fehlende Werte werden als fehlend behandelt
	Verwendete Fälle	Die Statistik basiert auf allen Fällen mit gültigen Daten für alle Variablen im Modell.
Syntax		PROBIT „Gefälltmir"AngabenfürdieSeite OF NormaleReichweite WITH Zielgruppe Tag /LOG NONE /MODEL LOGIT /PRINT FREQ /CRITERIA ITERATE(25) STEPLIMIT(1) OPTOLERANCE(1E-1).
Ressourcen	Prozessorzeit	00:00:00,03
	Verstrichene Zeit	00:00:00,02

Dateninformationen

		Anzahl der Fälle
Gültig		335
Abgelehnt	Fehlend	0
	Anzahl der Antworten > Anzahl der Subjekte	0
Kontrollgruppe		165

Konvergenzinformationen

	Anzahl der Iterationen	Optimale Lösung gefunden
LOGIT	22	Ja

Parameterschätzungen

Parameter		Schätzung	Standardfehler	U	Sig.	95%-Konfidenzintervall	
						Untergrenze	Obergrenze
LOGIT[a]	Zielgruppe	2,755	,264	10,444	,000	2,238	3,272
	Tag	-,038	,014	-2,758	,006	-,064	-,011
	Konstanter Term	-7,702	,296	-26,010	,000	-7,998	-7,406

a. LOGIT-Modell: LOG(p/(1-p)) = konstanter Term + BX

Kovarianzen und Korrelationen der Parameterschätzungen

		Zielgruppe	Tag
LOGIT	Zielgruppe	,070	,095
	Tag	,000	,000

Kovarianzen (unten) und Korrelationen (oben).

Chi-Quadrat-Tests

		Chi-Quadrat	df[a]	Sig.
LOGIT	Anpassungstest nach Pearson	746,169	332	,000

a. Auf einzelnen Fällen basierende Statistiken unterscheiden sich von auf aggregierten Fällen basierenden Statistiken.

Zellenanzahl und Residuen

Nummer	Zielgruppe	Tag	Anzahl der Subjekts	Beobachtete Antworten	Erwartete Antworten	Residuum	Wahrscheinlichkeit
LOGIT 1	1,000	1,000	10	0	,068	-,068	,007
2	1,000	1,000	88	2	,598	1,402	,007
3	1,000	1,000	194	2	1,319	,681	,007
4	1,000	1,000	5	0	,034	-,034	,007
5	1,000	2,000	48	0	,314	-,314	,007
6	1,000	2,000	159	0	1,041	-1,041	,007
7	1,000	2,000	491	4	3,216	,784	,007
8	1,000	2,000	8	0	,052	-,052	,007
9	1,000	2,000	22	0	,144	-,144	,007
10	1,000	3,000	23	0	,145	-,145	,006
11	1,000	3,000	67	2	,423	1,577	,006
12	1,000	3,000	149	0	,940	-,940	,006
13	1,000	3,000	7	0	,044	-,044	,006
14	1,000	3,000	8	0	,050	-,050	,006
15	1,000	4,000	24	0	,146	-,146	,006
16	1,000	4,000	211	0	1,282	-1,282	,006
17	1,000	4,000	543	1	3,300	-2,300	,006
18	1,000	4,000	32	0	,194	-,194	,006
19	1,000	4,000	67	0	,407	-,407	,006
20	1,000	5,000	53	0	,193	-,193	,006
21	1,000	5,000	227	0	1,329	-1,329	,006
22	1,000	5,000	351	2	2,055	-,055	,006
23	1,000	5,000	37	0	,217	-,217	,006
24	1,000	5,000	88	0	,515	-,515	,006
25	1,000	6,000	30	0	,169	-,169	,006
26	1,000	6,000	151	0	,852	-,852	,006
27	1,000	6,000	330	1	1,861	-,861	,006
28	1,000	6,000	18	0	,102	-,102	,006
29	1,000	6,000	31	0	,175	-,175	,006
30	1,000	7,000	16	0	,087	-,087	,005
31	1,000	7,000	72	0	,391	-,391	,005
32	1,000	7,000	110	0	,598	-,598	,005
33	1,000	7,000	7	0	,038	-,038	,005
34	1,000	7,000	10	0	,054	-,054	,005
35	1,000	15,000	55	0	,221	-,221	,004
36	1,000	15,000	42	0	,169	-,169	,004
37	1,000	15,000	81	1	,326	,674	,004
38	1,000	15,000	2	0	,008	-,008	,004
39	1,000	15,000	12	0	,048	-,048	,004
40	1,000	16,000	127	0	,493	-,493	,004
41	1,000	16,000	79	0	,306	-,306	,004
42	1,000	16,000	278	1	1,078	-,078	,004
43	1,000	16,000	15	0	,058	-,058	,004
44	1,000	16,000	33	0	,128	-,128	,004
45	1,000	17,000	130	0	,486	-,486	,004
46	1,000	17,000	98	0	,366	-,366	,004
47	1,000	17,000	324	1	1,210	-,210	,004
48	1,000	17,000	11	0	,041	-,041	,004
49	1,000	17,000	34	0	,127	-,127	,004
50	1,000	18,000	95	0	,342	-,342	,004
51	1,000	18,000	76	0	,273	-,273	,004
52	1,000	18,000	297	1	1,069	-,069	,004
53	1,000	18,000	13	0	,047	-,047	,004
54	1,000	18,000	24	0	,086	-,086	,004
55	1,000	19,000	16	0	,055	-,055	,003
56	1,000	19,000	20	0	,069	-,069	,003
57	1,000	19,000	4	0	,014	-,014	,003
58	1,000	19,000	1	0	,003	-,003	,003
59	1,000	20,000	16	0	,053	-,053	,003
60	1,000	20,000	48	0	,154	-,154	,003
61	1,000	20,000	6	0	,020	-,020	,003
62	1,000	20,000	1	0	,003	-,003	,003
63	1,000	21,000	17	0	,055	-,055	,003
64	1,000	21,000	10	0	,032	-,032	,003
65	1,000	21,000	10	0	,032	-,032	,003
66	1,000	21,000	1	0	,003	-,003	,003
67	1,000	8,000	87	0	,455	-,455	,005
68	1,000	8,000	77	0	,403	-,403	,005
69	1,000	8,000	377	0	1,973	-1,973	,005
70	1,000	8,000	10	0	,052	-,052	,005
71	1,000	8,000	19	0	,099	-,099	,005
72	1,000	9,000	77	0	,388	-,388	,005
73	1,000	9,000	73	0	,368	-,368	,005
74	1,000	9,000	385	2	1,941	,059	,005
75	1,000	9,000	13	0	,066	-,066	,005
76	1,000	9,000	23	0	,116	-,116	,005
77	1,000	10,000	85	0	,427	-,427	,005
78	1,000	10,000	123	1	,597	,403	,005
79	1,000	10,000	511	1	2,481	-1,481	,005
80	1,000	10,000	25	0	,121	-,121	,005
81	1,000	10,000	34	0	,165	-,165	,005
82	1,000	11,000	60	0	,281	-,281	,005
83	1,000	11,000	133	0	,522	-,522	,005
84	1,000	11,000	539	1	2,521	-1,521	,005
85	1,000	11,000	44	0	,206	-,206	,005

Nummer	Zielgruppe	Tag	Anzahl der Subjekte	Beobachtete Antworten	Erwartete Antworten	Residuum	Wahrscheinlichkeit
LOGIT 86	1,000	11,000	76	0	,355	-,355	,005
87	1,000	12,000	59	0	,266	-,266	,005
88	1,000	12,000	101	0	,455	-,455	,005
89	1,000	12,000	585	1	2,636	-1,636	,005
90	1,000	12,000	12	0	,054	-,054	,005
91	1,000	12,000	27	0	,122	-,122	,005
92	1,000	13,000	63	0	,273	-,273	,004
93	1,000	13,000	101	2	,438	1,562	,004
94	1,000	13,000	634	0	2,751	-2,751	,004
95	1,000	13,000	4	0	,017	-,017	,004
96	1,000	13,000	10	0	,043	-,043	,004
97	1,000	14,000	85	0	,355	-,355	,004
98	1,000	14,000	70	0	,293	-,293	,004
99	1,000	14,000	409	0	1,710	-1,710	,004
100	1,000	14,000	11	0	,046	-,046	,004
101	1,000	14,000	24	0	,100	-,100	,004
102	1,000	29,000	28	0	,067	-,067	,002
103	1,000	29,000	36	0	,086	-,086	,002
104	1,000	29,000	60	0	,143	-,143	,002
105	1,000	29,000	1	0	,002	-,002	,002
106	1,000	29,000	10	0	,024	-,024	,002
107	1,000	30,000	10	0	,023	-,023	,002
108	1,000	30,000	88	0	,202	-,202	,002
109	1,000	30,000	72	0	,165	-,165	,002
110	1,000	30,000	3	0	,007	-,007	,002
111	1,000	30,000	9	0	,021	-,021	,002
112	1,000	31,000	11	0	,024	-,024	,002
113	1,000	31,000	62	0	,137	-,137	,002
114	1,000	31,000	34	0	,075	-,075	,002
115	1,000	31,000	4	0	,009	-,009	,002
116	1,000	31,000	11	0	,024	-,024	,002
117	1,000	32,000	19	0	,040	-,040	,002
118	1,000	32,000	32	0	,068	-,068	,002
119	1,000	32,000	21	0	,045	-,045	,002
120	1,000	32,000	30	0	,064	-,064	,002
121	1,000	32,000	77	0	,164	-,164	,002
122	1,000	33,000	7	0	,014	-,014	,002
123	1,000	33,000	45	0	,092	-,092	,002
124	1,000	33,000	23	0	,047	-,047	,002
125	1,000	33,000	1	0	,002	-,002	,002
126	1,000	33,000	8	0	,016	-,016	,002
127	1,000	34,000	3	0	,006	-,006	,002
128	1,000	34,000	44	0	,087	-,087	,002
129	1,000	34,000	18	0	,036	-,036	,002
130	1,000	34,000	6	0	,012	-,012	,002
131	1,000	34,000	8	0	,016	-,016	,002
132	1,000	35,000	5	0	,010	-,010	,002
133	1,000	35,000	44	0	,084	-,084	,002
134	1,000	35,000	40	0	,076	-,076	,002
135	1,000	35,000	3	0	,006	-,006	,002
136	1,000	35,000	6	0	,011	-,011	,002
137	1,000	22,000	29	0	,090	-,090	,003
138	1,000	22,000	88	0	,273	-,273	,003
139	1,000	22,000	46	0	,142	-,142	,003
140	1,000	22,000	3	0	,009	-,009	,003
141	1,000	23,000	48	0	,143	-,143	,003
142	1,000	23,000	242	1	,722	,278	,003
143	1,000	23,000	280	0	,835	-,835	,003
144	1,000	23,000	22	0	,066	-,066	,003
145	1,000	23,000	58	0	,173	-,173	,003
146	1,000	24,000	62	0	,178	-,178	,003
147	1,000	24,000	242	1	,695	,305	,003
148	1,000	24,000	283	0	,813	-,813	,003
149	1,000	24,000	18	0	,052	-,052	,003
150	1,000	24,000	66	0	,190	-,190	,003
151	1,000	25,000	67	0	,185	-,185	,003
152	1,000	25,000	267	4	,730	3,251	,003
153	1,000	25,000	192	0	,531	-,531	,003
154	1,000	25,000	9	0	,025	-,025	,003
155	1,000	25,000	47	0	,130	-,130	,003
156	1,000	26,000	52	0	,139	-,139	,003
157	1,000	26,000	258	1	,688	,312	,003
158	1,000	26,000	194	0	,517	-,517	,003
159	1,000	26,000	22	0	,059	-,059	,003
160	1,000	26,000	36	0	,096	-,096	,003
161	1,000	27,000	58	0	,149	-,149	,003
162	1,000	27,000	229	0	,588	-,588	,003
163	1,000	27,000	111	0	,285	-,285	,003
164	1,000	27,000	21	0	,054	-,054	,003
165	1,000	27,000	23	0	,059	-,059	,003
166	1,000	28,000	43	0	,106	-,106	,002
167	1,000	28,000	91	1	,225	,775	,002
168	1,000	28,000	45	0	,111	-,111	,002
169	1,000	28,000	7	0	,017	-,017	,002
170	1,000	28,000	14	0	,035	-,035	,002

Nummer	Zielgruppe	Tag	Anzahl der Subjekte	Beobachtete Antworten	Erwartete Antworten	Residuum	Wahrscheinlichkeit
171	0,000	1,000	801	0	,349	-,349	,000
172	0,000	1,000	99	0	,043	-,043	,000
173	0,000	1,000	106	0	,046	-,046	,000
174	0,000	1,000	3	0	,001	-,001	,000
175	0,000	1,000	46	0	,020	-,020	,000
176	0,000	2,000	577	0	,242	-,242	,000
177	0,000	2,000	423	0	,177	-,177	,000
178	0,000	2,000	632	0	,265	-,265	,000
179	0,000	2,000	1	0	,000	,000	,000
180	0,000	3,000	925	0	,373	-,373	,000
181	0,000	3,000	248	0	,100	-,100	,000
182	0,000	3,000	1430	3	,577	2,423	,000
183	0,000	3,000	15	0	,006	-,006	,000
184	0,000	3,000	23	0	,009	-,009	,000
185	0,000	4,000	342	0	,133	-,133	,000
186	0,000	4,000	371	1	,144	,856	,000
187	0,000	4,000	1908	2	,742	1,258	,000
188	0,000	4,000	30	0	,012	-,012	,000
189	0,000	4,000	83	0	,032	-,032	,000
190	0,000	5,000	453	0	,170	-,170	,000
191	0,000	5,000	991	1	,371	,629	,000
192	0,000	5,000	767	1	,287	,713	,000
193	0,000	5,000	84	0	,031	-,031	,000
194	0,000	5,000	193	0	,072	-,072	,000
195	0,000	6,000	332	0	,120	-,120	,000
196	0,000	6,000	282	1	,102	,898	,000
197	0,000	6,000	378	2	,136	1,864	,000
198	0,000	6,000	54	0	,019	-,019	,000
199	0,000	6,000	72	0	,026	-,026	,000
200	0,000	7,000	441	0	,153	-,153	,000
201	0,000	7,000	46	1	,016	,984	,000
202	0,000	7,000	98	0	,034	-,034	,000
203	0,000	7,000	25	0	,009	-,009	,000
204	0,000	7,000	56	0	,019	-,019	,000
205	0,000	15,000	2117	0	,544	-,544	,000
206	0,000	15,000	14	0	,004	-,004	,000
207	0,000	15,000	7	0	,002	-,002	,000
208	0,000	16,000	3635	0	,900	-,900	,000
209	0,000	16,000	460	2	,114	1,886	,000
210	0,000	16,000	46	0	,011	-,011	,000
211	0,000	17,000	2657	0	,633	-,633	,000
212	0,000	17,000	751	3	,179	2,821	,000
213	0,000	17,000	60	1	,014	,986	,000
214	0,000	17,000	24	0	,006	-,006	,000
215	0,000	17,000	19	0	,005	-,005	,000
216	0,000	18,000	1641	0	,377	-,377	,000
217	0,000	18,000	337	1	,077	,923	,000
218	0,000	18,000	31	0	,007	-,007	,000
219	0,000	18,000	5	0	,001	-,001	,000
220	0,000	18,000	4	0	,001	-,001	,000
221	0,000	19,000	907	0	,201	-,201	,000
222	0,000	19,000	215	0	,048	-,048	,000
223	0,000	19,000	18	0	,004	-,004	,000
224	0,000	20,000	532	0	,113	-,113	,000
225	0,000	20,000	280	0	,060	-,060	,000
226	0,000	20,000	49	0	,010	-,010	,000
227	0,000	20,000	4	0	,001	-,001	,000
228	0,000	21,000	371	0	,076	-,076	,000
229	0,000	21,000	205	1	,042	,958	,000
230	0,000	21,000	37	0	,008	-,008	,000
231	0,000	21,000	1	0	,000	,000	,000
232	0,000	8,000	1947	0	,651	-,651	,000
233	0,000	8,000	163	0	,055	-,055	,000
234	0,000	8,000	107	0	,036	-,036	,000
235	0,000	8,000	7	0	,002	-,002	,000
236	0,000	8,000	11	0	,004	-,004	,000
237	0,000	9,000	1447	0	,466	-,466	,000
238	0,000	9,000	314	0	,101	-,101	,000
239	0,000	9,000	585	3	,188	2,812	,000
240	0,000	9,000	1	0	,000	,000	,000
241	0,000	10,000	964	0	,299	-,299	,000
242	0,000	10,000	703	1	,218	,782	,000
243	0,000	10,000	825	1	,256	,744	,000
244	0,000	10,000	3	0	,001	-,001	,000
245	0,000	10,000	3	0	,001	-,001	,000
246	0,000	11,000	687	0	,205	-,205	,000
247	0,000	11,000	1462	4	,437	3,563	,000
248	0,000	11,000	1024	0	,306	-,306	,000
249	0,000	11,000	170	0	,051	-,051	,000
250	0,000	11,000	248	0	,074	-,074	,000
251	0,000	12,000	2138	0	,615	-,615	,000
252	0,000	12,000	894	0	,257	-,257	,000
253	0,000	12,000	530	1	,152	,848	,000
254	0,000	12,000	51	0	,015	-,015	,000
255	0,000	12,000	30	0	,009	-,009	,000
256	0,000	13,000	2380	0	,680	-,680	,000
257	0,000	13,000	1506	3	,434	2,566	,000
258	0,000	13,000	418	1	,116	,884	,000
259	0,000	13,000	16	0	,004	-,004	,000
260	0,000	13,000	12	0	,003	-,003	,000
261	0,000	14,000	2969	0	,792	-,792	,000
262	0,000	14,000	323	2	,086	1,914	,000
263	0,000	14,000	174	0	,046	-,046	,000
264	0,000	14,000	25	0	,007	-,007	,000
265	0,000	14,000	18	0	,005	-,005	,000
266	0,000	29,000	1327	0	,201	-,201	,000
267	0,000	29,000	38	0	,006	-,006	,000
268	0,000	29,000	176	0	,027	-,027	,000
269	0,000	29,000	1	0	,000	,000	,000
270	0,000	29,000	6	0	,001	-,001	,000
271	0,000	30,000	3104	0	,454	-,454	,000
272	0,000	30,000	203	0	,030	-,030	,000
273	0,000	30,000	181	0	,026	-,026	,000
274	0,000	30,000	1	0	,000	,000	,000
275	0,000	30,000	4	0	,001	-,001	,000
276	0,000	31,000	1295	0	,182	-,182	,000
277	0,000	31,000	181	0	,025	-,025	,000
278	0,000	31,000	239	0	,034	-,034	,000
279	0,000	31,000	10	0	,001	-,001	,000
280	0,000	31,000	31	0	,004	-,004	,000
281	0,000	32,000	657	0	,089	-,089	,000
282	0,000	32,000	175	2	,024	1,976	,000
283	0,000	32,000	41	0	,006	-,006	,000
284	0,000	32,000	4	0	,001	-,001	,000
285	0,000	32,000	19	0	,003	-,003	,000
286	0,000	33,000	332	0	,043	-,043	,000
287	0,000	33,000	160	0	,021	-,021	,000
288	0,000	33,000	42	0	,005	-,005	,000
289	0,000	33,000	6	0	,001	-,001	,000
290	0,000	33,000	6	0	,001	-,001	,000
291	0,000	34,000	302	0	,038	-,038	,000
292	0,000	34,000	99	0	,012	-,012	,000
293	0,000	34,000	25	0	,003	-,003	,000
294	0,000	34,000	3	0	,000	,000	,000
295	0,000	34,000	9	0	,001	-,001	,000
296	0,000	35,000	257	0	,031	-,031	,000
297	0,000	35,000	401	1	,049	,951	,000
298	0,000	35,000	118	0	,014	-,014	,000
299	0,000	35,000	6	0	,001	-,001	,000
300	0,000	35,000	42	0	,005	-,005	,000
301	0,000	22,000	1423	0	,281	-,281	,000
302	0,000	22,000	55	0	,011	-,011	,000
303	0,000	22,000	57	0	,011	-,011	,000
304	0,000	22,000	1	0	,000	,000	,000
305	0,000	22,000	2	0	,000	,000	,000
306	0,000	23,000	1540	0	,293	-,293	,000
307	0,000	23,000	733	0	,139	-,139	,000
308	0,000	23,000	69	0	,013	-,013	,000
309	0,000	23,000	5	0	,001	-,001	,000
310	0,000	23,000	6	0	,001	-,001	,000
311	0,000	24,000	2169	0	,397	-,397	,000
312	0,000	24,000	766	0	,140	-,140	,000
313	0,000	24,000	334	0	,061	-,061	,000
314	0,000	24,000	20	0	,004	-,004	,000
315	0,000	24,000	76	0	,014	-,014	,000
316	0,000	25,000	2692	0	,475	-,475	,000
317	0,000	25,000	547	1	,097	,903	,000
318	0,000	25,000	324	0	,057	-,057	,000
319	0,000	25,000	44	0	,008	-,008	,000
320	0,000	25,000	108	0	,019	-,019	,000
321	0,000	25,000	842	0	,143	-,143	,000
322	0,000	26,000	671	2	,114	1,886	,000
323	0,000	26,000	162	0	,028	-,028	,000
324	0,000	26,000	39	0	,007	-,007	,000
325	0,000	26,000	60	0	,010	-,010	,000
326	0,000	27,000	761	0	,125	-,125	,000
327	0,000	27,000	177	0	,029	-,029	,000
328	0,000	27,000	139	0	,023	-,023	,000
329	0,000	27,000	56	0	,009	-,009	,000
330	0,000	27,000	86	0	,014	-,014	,000
331	0,000	28,000	499	0	,079	-,079	,000
332	0,000	28,000	9	0	,001	-,001	,000
333	0,000	28,000	16	0	,003	-,003	,000
334	0,000	28,000	6	0	,001	-,001	,000
335	0,000	28,000	16	0	,003	-,003	,000

Anhang 6: SPSS-Ausgabe zu Hypothese 3, 4c, 5c

Probit-Analyse

Hinweise

Ausgabe erstellt		23-JUL-2015 10:00:11
Kommentare		
Eingabe	Aktives Dataset	DataSet1
	Filter	<ohne>
	Stärke	<ohne>
	Aufgeteilte Datei	<ohne>
	Anzahl Zeilen in Arbeitsdatendatei	335
Handhabung fehlender Werte	Definition von 'Fehlend'	Benutzerdefiniert fehlende Werte werden als fehlend behandelt
	Verwendete Fälle	Die Statistik basiert auf allen Fällen mit gültigen Daten für alle Variablen im Modell.
Syntax		PROBIT SozialeKlicks OF SozialeReichweite WITH Zielgruppe Rabatt Tag /LOG NONE /MODEL LOGIT /PRINT FREQ /CRITERIA ITERATE(25) STEPLIMIT(1) OPTOLERANCE(1E-1).
Ressourcen	Prozessorzeit	00:00:00,03
	Verstrichene Zeit	00:00:00,01

Dateninformationen

		Anzahl der Fälle
Gültig		138
Abgelehnt	Fehlend	197
	Anzahl der Antworten > Anzahl der Subjekte	0
Kontrollgruppe		97

Konvergenzinformationen

	Anzahl der Iterationen	Optimale Lösung gefunden
LOGIT	7	Ja

Parameterschätzungen

Parameter		Schätzung	Standardfehler	U	Sig.	95%-Konfidenzintervall Untergrenze	Obergrenze
LOGIT[a]	Zielgruppe	1,138	,208	5,476	,000	,730	1,545
	Rabatt	4,166	2,456	1,697	,090	-,647	8,979
	Tag	,118	,017	6,920	,000	,085	,152
	Konstanter Term	-7,084	,384	-18,430	,000	-7,469	-6,700

a. LOGIT-Modell: LOG(p/(1-p)) = konstanter Term + BX

Kovarianzen und Korrelationen der Parameterschätzungen

		Zielgruppe	Rabatt	Tag
LOGIT	Zielgruppe	,043	-,064	,076
	Rabatt	-,032	6,030	-,607
	Tag	,000	-,026	,000

Kovarianzen (unten) und Korrelationen (oben).

Chi-Quadrat-Tests

		Chi-Quadrat	df[a]	Sig.
LOGIT	Anpassungstest nach Pearson	2966,357	134	0,000

a. Auf einzelnen Fällen basierende Statistiken unterscheiden sich von auf aggregierten Fällen basierenden Statistiken.

Probit-Analyse

Hinweise

Ausgabe erstellt		23-JUL-2015 10:01:29
Kommentare		
Eingabe	Aktives Dataset	DataSet1
	Filter	<ohne>
	Stärke	<ohne>
	Aufgeteilte Datei	<ohne>
	Anzahl Zeilen in Arbeitsdatendatei	335
Handhabung fehlender Werte	Definition von 'Fehlend'	Benutzerdefiniert fehlende Werte werden als fehlend behandelt
	Verwendete Fälle	Die Statistik basiert auf allen Fällen mit gültigen Daten für alle Variablen im Modell.
Syntax		PROBIT SozialeKlicks OF SozialeReichweite WITH Zielgruppe Tag /LOG NONE /MODEL LOGIT /PRINT FREQ /CRITERIA ITERATE(25) STEPLIMIT(1) OPTOLERANCE(1E-1).
Ressourcen	Prozessorzeit	00:00:00,00
	Verstrichene Zeit	00:00:00,02

Dateninformationen

		Anzahl der Fälle
Gültig		138
Abgelehnt	Fehlend	197
	Anzahl der Antworten > Anzahl der Subjekte	0
Kontrollgruppe		69

Konvergenzinformationen

	Anzahl der Iterationen	Optimale Lösung gefunden
LOGIT	7	Ja

Parameterschätzungen

Parameter		Schätzung	Standardfehler	U	Sig.	95%-Konfidenzintervall	
						Untergrenze	Obergrenze
LOGIT[a]	Zielgruppe	1,065	,200	5,317	,000	,673	1,458
	Tag	,149	,013	11,563	,000	,124	,174
	Konstanter Term	-7,049	,352	-20,049	,000	-7,400	-6,697

a. LOGIT-Modell: LOG(p/(1-p)) = konstanter Term + BX

Kovarianzen und Korrelationen der Parameterschätzungen

LOGIT		Zielgruppe	Tag
	Zielgruppe	,040	,072
	Tag	,000	,000

Kovarianzen (unten) und Korrelationen (oben).

Chi-Quadrat-Tests

		Chi-Quadrat	df[a]	Sig.
LOGIT	Anpassungstest nach Pearson	2739,042	135	0,000

a. Auf einzelnen Fällen basierende Statistiken unterscheiden sich von auf aggregierten Fällen basierenden Statistiken.

Zellenanzahl und Residuen

Nummer	Zielgruppe	Tag	Anzahl der Subjekts	Beobachtete Antworten	Erwartete Antworten	Residuum	Wahrscheinlichkeit
LOGIT 1	1,000	1,000	5	2	,015	1,985	,003
2	1,000	1,000	31	2	,090	1,910	,003
3	1,000	2,000	10	1	,034	,966	,003
4	1,000	2,000	58	4	,196	3,804	,003
5	1,000	3,000	7	0	,027	-,027	,004
6	1,000	3,000	18	0	,071	-,071	,004
7	1,000	4,000	12	0	,055	-,055	,005
8	1,000	4,000	55	4	,250	3,750	,005
9	1,000	5,000	21	2	,111	1,889	,005
10	1,000	5,000	37	2	,195	1,805	,005
11	1,000	6,000	8	1	,049	,951	,006
12	1,000	6,000	42	5	,257	4,743	,006
13	1,000	7,000	8	0	,057	-,057	,007
14	1,000	7,000	13	0	,092	-,092	,007
15	1,000	15,000	3	1	,069	,931	,023
16	1,000	15,000	8	0	,184	-,184	,023
17	1,000	16,000	7	0	,186	-,186	,027
18	1,000	16,000	22	1	,585	,415	,027
19	1,000	17,000	11	1	,338	,662	,031
20	1,000	17,000	29	0	,892	-,892	,031
21	1,000	18,000	7	0	,249	-,249	,036
22	1,000	18,000	29	1	1,030	-,030	,036
23	1,000	19,000	3	0	,123	-,123	,041
24	1,000	20,000	3	0	,142	-,142	,047
25	1,000	20,000	1	0	,047	-,047	,047
26	1,000	21,000	2	0	,109	-,109	,054
27	1,000	21,000	1	0	,054	-,054	,054
28	1,000	8,000	4	0	,033	-,033	,008
29	1,000	8,000	34	2	,280	1,720	,008
30	1,000	9,000	8	0	,076	-,076	,010
31	1,000	9,000	30	3	,286	2,714	,010
32	1,000	10,000	11	3	,122	2,878	,011
33	1,000	10,000	57	8	,630	7,370	,011
34	1,000	11,000	12	2	,154	1,846	,013
35	1,000	11,000	63	7	,807	6,193	,013
36	1,000	12,000	12	0	,178	-,178	,015
37	1,000	12,000	67	2	,994	1,006	,015
38	1,000	13,000	5	1	,086	,914	,017
39	1,000	13,000	68	3	1,169	1,831	,017
40	1,000	14,000	4	0	,080	-,080	,020
41	1,000	14,000	41	3	,816	2,184	,020
42	1,000	29,000	7	0	1,116	-1,116	,159
43	1,000	29,000	7	0	1,116	-1,116	,159
44	1,000	30,000	7	0	1,263	-1,263	,180
45	1,000	30,000	12	1	2,165	-1,165	,180
46	1,000	31,000	7	0	1,425	-1,425	,204
47	1,000	31,000	6	0	1,221	-1,221	,204
48	1,000	32,000	7	0	1,601	-1,601	,229
49	1,000	32,000	7	1	1,601	-,601	,229
50	1,000	33,000	3	0	,768	-,768	,256
51	1,000	33,000	4	1	1,024	-,024	,256
52	1,000	34,000	4	0	1,142	-1,142	,285
53	1,000	34,000	2	1	,571	,429	,285
54	1,000	35,000	4	0	1,267	-1,267	,317
55	1,000	35,000	3	0	,950	-,950	,317
56	1,000	22,000	11	0	,689	-,689	,063
57	1,000	22,000	6	0	,376	-,376	,063
58	1,000	23,000	15	2	1,080	,920	,072
59	1,000	23,000	28	0	2,016	-2,016	,072
60	1,000	24,000	20	0	1,652	-1,652	,083
61	1,000	24,000	32	1	2,643	-1,643	,083
62	1,000	25,000	21	1	1,987	-,987	,095
63	1,000	25,000	28	0	2,649	-2,649	,095
64	1,000	26,000	19	0	2,055	-2,055	,108
65	1,000	26,000	20	1	2,164	-1,164	,108
66	1,000	27,000	14	0	1,728	-1,728	,123
67	1,000	27,000	20	2	2,458	-,468	,123
68	1,000	28,000	9	1	1,254	-,264	,140
69	1,000	28,000	9	1	1,254	-,264	,140
70	0,000	1,000	17	1	,017	,983	,001
71	0,000	1,000	57	1	,057	,943	,001
72	0,000	2,000	50	0	,058	-,058	,001
73	0,000	2,000	168	7	,196	6,804	,001
74	0,000	3,000	31	0	,042	-,042	,001
75	0,000	3,000	242	9	,328	8,672	,001
76	0,000	4,000	49	4	,077	3,923	,002
77	0,000	4,000	280	8	,441	7,559	,002
78	0,000	5,000	120	3	,219	2,781	,002
79	0,000	5,000	124	8	,226	7,774	,002
80	0,000	6,000	36	1	,076	,924	,002
81	0,000	6,000	92	5	,195	4,805	,002
82	0,000	7,000	8	0	,017	-,017	,002
83	0,000	7,000	22	0	,054	-,054	,002
84	0,000	15,000	1	0	,008	-,008	,008
85	0,000	16,000	49	0	,457	-,457	,009
86	0,000	16,000	13	0	,121	-,121	,009
87	0,000	17,000	81	4	,660	3,340	,011
88	0,000	17,000	30	3	,325	2,675	,011
89	0,000	18,000	19	2	,238	1,762	,013
90	0,000	18,000	9	0	,113	-,113	,013
91	0,000	19,000	16	0	,232	-,232	,015
92	0,000	19,000	8	0	,116	-,116	,015
93	0,000	20,000	20	0	,336	-,336	,017
94	0,000	20,000	21	1	,363	,647	,017
95	0,000	21,000	21	3	,409	2,591	,019
96	0,000	21,000	8	0	,156	-,156	,019
97	0,000	8,000	20	0	,057	-,057	,003
98	0,000	8,000	30	0	,086	-,086	,003
99	0,000	9,000	51	1	,169	,831	,003
100	0,000	9,000	157	6	,520	5,480	,003
101	0,000	10,000	90	3	,346	2,654	,004
102	0,000	10,000	215	13	,825	12,175	,004
103	0,000	11,000	128	3	,570	2,430	,004
104	0,000	11,000	189	4	,842	3,158	,004
105	0,000	12,000	78	2	,403	1,597	,005
106	0,000	12,000	95	2	,491	1,509	,005
107	0,000	13,000	122	2	,731	1,269	,006
108	0,000	13,000	107	5	,641	4,359	,006
109	0,000	14,000	31	0	,215	-,215	,007
110	0,000	14,000	49	4	,340	3,660	,007
111	0,000	29,000	6	0	,368	-,368	,061
112	0,000	29,000	25	1	1,634	-,634	,061
113	0,000	30,000	13	0	,917	-,917	,071
114	0,000	30,000	40	1	2,821	-1,821	,071
115	0,000	31,000	22	1	1,780	-,780	,081
116	0,000	31,000	51	0	4,127	-4,127	,081
117	0,000	32,000	19	1	1,762	-,762	,093
118	0,000	32,000	7	0	,849	-,849	,093
119	0,000	33,000	17	0	1,803	-1,803	,106
120	0,000	33,000	7	0	,742	-,742	,106
121	0,000	34,000	8	0	,968	-,968	,121
122	0,000	34,000	8	0	,968	-,968	,121
123	0,000	35,000	25	0	3,444	-3,444	,138
124	0,000	35,000	19	1	2,618	-1,618	,138
125	0,000	22,000	3	0	,068	-,068	,023
126	0,000	22,000	14	1	,315	,685	,023
127	0,000	23,000	68	3	1,771	1,229	,026
128	0,000	23,000	21	0	,547	-,547	,026
129	0,000	24,000	64	0	1,926	-1,926	,030
130	0,000	24,000	86	8	2,588	5,412	,030
131	0,000	25,000	62	1	2,155	-1,155	,035
132	0,000	25,000	120	7	4,172	2,828	,035
133	0,000	26,000	46	2	1,846	,154	,040
134	0,000	26,000	65	3	2,608	,392	,040
135	0,000	27,000	16	0	,740	-,740	,046
136	0,000	27,000	62	4	2,889	1,131	,046
137	0,000	28,000	1	0	,053	-,053	,053
138	0,000	28,000	7	1	,373	,627	,053

Zellenanzahl und Residuen

Nummer	Rabatt	Tag	Position	Zugriff	Anzahl der Subjekte	Beobachtete Antworten	Erwartete Antworten	Residuum	Wahrscheinlichkei
LOGIT 1	0,000	1,000	0,000	1,000	10	1	,174	,826	,017
2	0,000	1,000	1,000	0,000	93	6	2,814	3,186	,030
3	0,000	1,000	1,000	1,000	225	19	13,626	5,374	,061
4	0,000	1,000	0,000	0,000	5	0	,043	-,043	,009
5	0,000	2,000	0,000	1,000	48	0	,805	-,805	,017
6	0,000	2,000	1,000	0,000	169	15	4,919	10,081	,028
7	0,000	2,000	1,000	1,000	549	46	32,013	13,987	,058
8	0,000	2,000	0,000	0,000	5	0	,086	-,086	,008
9	0,000	2,000	0,000	0,000	22	0	,180	-,180	,008
10	0,000	3,000	0,000	1,000	23	1	,371	,629	,016
11	0,000	3,000	1,000	0,000	74	5	2,071	2,929	,028
12	0,000	3,000	1,000	1,000	167	14	9,376	4,624	,056
13	0,000	3,000	0,000	0,000	7	0	,055	-,055	,008
14	0,000	3,000	0,000	0,000	8	0	,063	-,063	,008
15	0,000	4,000	0,000	1,000	24	0	,372	-,372	,016
16	0,000	4,000	1,000	0,000	223	11	6,002	4,998	,027
17	0,000	4,000	1,000	1,000	598	37	32,321	4,679	,054
18	0,000	4,000	0,000	0,000	32	0	,242	-,242	,008
19	0,000	4,000	0,000	0,000	67	0	,507	-,507	,008
20	0,000	5,000	0,000	1,000	33	0	,491	-,491	,015
21	0,000	5,000	1,000	0,000	246	4	6,419	-2,419	,026
22	0,000	5,000	1,000	1,000	368	15	20,187	-5,187	,052
23	0,000	5,000	0,000	0,000	37	0	,269	-,269	,007
24	0,000	5,000	0,000	0,000	88	0	,639	-,639	,007
25	0,000	6,000	0,000	1,000	30	1	,429	,571	,014
26	0,000	6,000	1,000	0,000	159	3	3,957	-,957	,025
27	0,000	6,000	1,000	1,000	372	26	18,630	7,370	,050
28	0,000	6,000	0,000	0,000	16	0	,126	-,126	,007
29	0,000	6,000	0,000	0,000	31	0	,216	-,216	,007
30	0,000	7,000	0,000	1,000	16	2	,220	1,780	,014
31	0,000	7,000	1,000	0,000	80	0	1,914	-1,914	,024
32	0,000	7,000	1,000	1,000	123	5	5,929	-,929	,048
33	0,000	7,000	0,000	0,000	7	0	,047	-,047	,007
34	0,000	7,000	0,000	0,000	10	0	,067	-,067	,007
35	,050	15,000	0,000	1,000	55	2	,600	1,400	,011
36	,050	15,000	1,000	0,000	45	1	,856	,144	,019
37	,050	15,000	1,000	1,000	89	2	3,427	-1,427	,039
38	,050	15,000	0,000	0,000	2	0	,011	-,011	,005
39	,050	15,000	0,000	0,000	12	0	,064	-,064	,005
40	,050	16,000	0,000	1,000	127	4	1,332	2,668	,010
41	,050	16,000	1,000	0,000	86	1	1,573	-,573	,018
42	,050	16,000	1,000	1,000	300	11	11,115	-,115	,037
43	,050	16,000	0,000	0,000	15	0	,077	-,077	,005
44	,050	16,000	0,000	0,000	33	0	,168	-,168	,005
45	,050	17,000	0,000	1,000	130	0	1,310	-1,310	,010
46	,050	17,000	1,000	0,000	109	1	1,916	-,916	,018
47	,050	17,000	1,000	1,000	353	8	12,561	-4,561	,036
48	,050	17,000	0,000	0,000	11	0	,054	-,054	,005
49	,050	17,000	0,000	0,000	34	0	,167	-,167	,005
50	,050	18,000	0,000	1,000	95	1	,920	,080	,010
51	,050	18,000	1,000	0,000	83	1	1,402	-,402	,017
52	,050	18,000	1,000	1,000	328	11	11,177	-,177	,034
53	,050	18,000	0,000	0,000	13	0	,061	-,061	,005
54	,050	18,000	0,000	0,000	24	0	,113	-,113	,005
55	,050	19,000	0,000	1,000	16	0	,149	-,149	,009
56	,050	19,000	1,000	0,000	23	0	,374	-,374	,016
57	,050	19,000	1,000	1,000	4	1	,132	,868	,033
58	,050	19,000	0,000	0,000	1	0	,005	-,005	,005
59	,050	20,000	0,000	1,000	16	0	,143	-,143	,009
60	,050	20,000	1,000	0,000	49	0	,765	-,765	,016
61	,050	20,000	1,000	1,000	7	0	,222	-,222	,032
62	,050	20,000	0,000	0,000	1	0	,004	-,004	,004
63	,050	21,000	0,000	1,000	17	1	,146	,854	,009
64	,050	21,000	1,000	0,000	12	1	,180	,820	,015
65	,050	21,000	1,000	1,000	11	0	,336	-,336	,031
66	,050	21,000	0,000	0,000	1	0	,004	-,004	,004
67	,100	8,000	0,000	1,000	87	2	1,366	,634	,016
68	,100	8,000	1,000	0,000	81	3	2,209	,791	,027
69	,100	8,000	1,000	1,000	411	17	22,495	-5,495	,055
70	,100	8,000	0,000	0,000	10	0	,077	-,077	,008
71	,100	8,000	0,000	0,000	19	0	,146	-,146	,008
72	,100	9,000	0,000	1,000	77	2	1,162	,838	,015
73	,100	9,000	1,000	0,000	81	2	2,124	-,124	,026
74	,100	9,000	1,000	1,000	415	23	21,866	1,134	,053
75	,100	9,000	0,000	0,000	13	2	,096	1,904	,007
76	,100	9,000	0,000	0,000	23	0	,169	-,169	,007
77	,100	10,000	0,000	1,000	88	4	1,276	2,724	,015
78	,100	10,000	1,000	0,000	134	5	3,378	1,622	,025
79	,100	10,000	1,000	1,000	565	27	28,807	-1,807	,051
80	,100	10,000	0,000	0,000	25	2	,177	1,823	,007
81	,100	10,000	0,000	0,000	34	0	,241	-,241	,007
82	,100	11,000	0,000	1,000	60	2	,836	1,164	,014
83	,100	11,000	1,000	0,000	145	6	3,515	2,485	,024
84	,100	11,000	1,000	1,000	602	30	29,387	,613	,049
85	,100	11,000	0,000	0,000	44	0	,299	-,299	,007
86	,100	11,000	0,000	0,000	76	0	,517	-,517	,007
87	,100	12,000	0,000	1,000	59	2	,790	1,210	,013
88	,100	12,000	1,000	0,000	113	4	2,634	1,366	,023
89	,100	12,000	1,000	1,000	662	18	30,632	-12,632	,047
90	,100	12,000	0,000	0,000	12	0	,078	-,078	,007
91	,100	12,000	0,000	0,000	27	0	,176	-,176	,007
92	,100	13,000	0,000	1,000	63	0	,811	-,811	,013
93	,100	13,000	1,000	0,000	106	5	2,376	2,624	,022
94	,100	13,000	1,000	1,000	702	18	31,740	-13,740	,045
95	,100	13,000	0,000	0,000	4	0	,025	-,025	,006
96	,100	13,000	0,000	0,000	10	1	,063	,937	,006
97	,100	14,000	0,000	1,000	85	1	1,062	-,062	,012
98	,100	14,000	1,000	0,000	74	0	1,594	-1,594	,022
99	,100	14,000	1,000	1,000	450	10	19,579	-9,579	,044
100	,100	14,000	0,000	0,000	11	0	,066	-,066	,006
101	,100	14,000	0,000	0,000	24	1	,145	,855	,006
102	,150	29,000	0,000	1,000	28	1	,208	,792	,007
103	,150	29,000	1,000	0,000	43	0	,558	-,558	,013
104	,150	29,000	1,000	1,000	67	5	1,771	3,229	,026
105	,150	29,000	0,000	0,000	1	0	,004	-,004	,004
106	,150	29,000	0,000	0,000	10	0	,036	-,036	,004
107	,150	30,000	0,000	1,000	10	0	,071	-,071	,007
108	,150	30,000	1,000	0,000	95	3	1,184	1,816	,012
109	,150	30,000	1,000	1,000	84	1	2,135	-1,135	,025
110	,150	30,000	0,000	0,000	3	0	,010	-,010	,003
111	,150	30,000	0,000	0,000	9	0	,031	-,031	,003
112	,150	31,000	0,000	1,000	11	0	,075	-,075	,007
113	,150	31,000	1,000	0,000	69	2	,827	1,173	,012
114	,150	31,000	1,000	1,000	40	1	,978	,022	,024
115	,150	31,000	0,000	0,000	4	0	,013	-,013	,003
116	,150	31,000	0,000	0,000	11	0	,037	-,037	,003
117	,150	32,000	0,000	1,000	19	0	,125	-,125	,007
118	,150	32,000	1,000	0,000	39	0	,449	-,449	,012
119	,150	32,000	1,000	1,000	28	3	,658	2,342	,023
120	,150	32,000	0,000	0,000	30	1	,096	,904	,003
121	,150	32,000	0,000	0,000	77	0	,246	-,246	,003
122	,150	33,000	0,000	1,000	7	0	,044	-,044	,006
123	,150	33,000	1,000	0,000	48	0	,531	-,531	,011
124	,150	33,000	1,000	1,000	27	2	,610	1,390	,023
125	,150	33,000	0,000	0,000	1	0	,003	-,003	,003
126	,150	33,000	0,000	0,000	8	0	,025	-,025	,003
127	,150	34,000	0,000	1,000	3	0	,018	-,018	,006
128	,150	34,000	1,000	0,000	48	0	,510	-,510	,011
129	,150	34,000	1,000	1,000	20	1	,434	,566	,022
130	,150	34,000	0,000	0,000	6	0	,018	-,018	,003
131	,150	34,000	0,000	0,000	8	0	,024	-,024	,003
132	,150	35,000	0,000	1,000	5	0	,029	-,029	,006
133	,150	35,000	1,000	0,000	48	1	,491	,509	,010
134	,150	35,000	1,000	1,000	43	2	,898	1,102	,021
135	,150	35,000	0,000	0,000	3	0	,009	-,009	,003
136	,150	35,000	0,000	0,000	6	0	,017	-,017	,003
137	,200	22,000	0,000	1,000	29	1	,310	,690	,011
138	,200	22,000	1,000	0,000	99	3	1,846	1,154	,019
139	,200	22,000	1,000	1,000	52	3	1,964	1,036	,038
140	,200	22,000	0,000	0,000	3	0	,016	-,016	,005
141	,200	23,000	0,000	1,000	48	1	,493	,507	,010
142	,200	23,000	1,000	0,000	257	16	4,606	11,394	,018
143	,200	23,000	1,000	1,000	308	7	11,190	-4,190	,035
144	,200	23,000	0,000	0,000	22	1	,110	,890	,005
145	,200	23,000	0,000	0,000	58	0	,290	-,290	,005
146	,200	24,000	0,000	1,000	62	0	,612	-,612	,010
147	,200	24,000	1,000	0,000	262	10	4,514	5,486	,017
148	,200	24,000	1,000	1,000	315	5	11,009	-6,009	,035
149	,200	24,000	0,000	0,000	18	0	,087	-,087	,005
150	,200	24,000	0,000	0,000	66	1	,317	,683	,005
151	,200	25,000	0,000	1,000	67	2	,636	1,364	,009
152	,200	25,000	1,000	0,000	288	17	4,770	12,230	,017
153	,200	25,000	1,000	1,000	220	8	7,396	,604	,034
154	,200	25,000	0,000	0,000	9	0	,042	-,042	,005
155	,200	25,000	0,000	0,000	47	0	,217	-,217	,005
156	,200	26,000	0,000	1,000	52	0	,474	-,474	,009
157	,200	26,000	1,000	0,000	277	8	4,410	3,590	,016
158	,200	26,000	1,000	1,000	214	4	6,920	-2,920	,032
159	,200	26,000	0,000	0,000	22	0	,098	-,098	,004
160	,200	26,000	0,000	0,000	36	0	,160	-,160	,004
161	,200	27,000	0,000	1,000	58	0	,508	-,508	,009
162	,200	27,000	1,000	0,000	243	8	3,718	4,282	,015
163	,200	27,000	1,000	1,000	131	4	4,074	-,074	,031
164	,200	27,000	0,000	0,000	21	0	,090	-,090	,004
165	,200	27,000	0,000	0,000	23	0	,098	-,098	,004
166	,200	28,000	0,000	1,000	43	0	,362	-,362	,008
167	,200	28,000	1,000	0,000	100	5	1,471	3,529	,015
168	,200	28,000	1,000	1,000	54	4	1,615	2,385	,030
169	,200	28,000	0,000	0,000	7	0	,029	-,029	,004
170	,200	28,000	0,000	0,000	14	0	,057	-,057	,004
171	0,000	1,000	0,000	1,000	801	16	13,974	2,026	,017
172	0,000	1,000	1,000	0,000	116	5	3,510	1,490	,030
173	0,000	1,000	1,000	1,000	163	5	9,871	-4,871	,061
174	0,000	1,000	0,000	0,000	3	0	,026	-,026	,009
175	0,000	1,000	0,000	0,000	46	1	,384	,616	,009
176	0,000	2,000	0,000	1,000	577	11	9,676	1,324	,017
177	0,000	2,000	1,000	0,000	473	4	13,766	-9,766	,029
178	0,000	2,000	1,000	1,000	800	42	46,649	-4,649	,058
179	0,000	2,000	0,000	0,000	1	0	,008	-,008	,008
180	0,000	3,000	0,000	1,000	925	13	14,910	-1,910	,016
181	0,000	3,000	1,000	0,000	279	4	7,809	-3,809	,028
182	0,000	3,000	1,000	1,000	1672	68	93,869	-25,869	,056
183	0,000	3,000	0,000	0,000	15	0	,116	-,116	,008
184	0,000	3,000	0,000	0,000	23	0	,181	-,181	,008
185	0,000	4,000	0,000	1,000	342	3	5,299	-2,299	,015
186	0,000	4,000	1,000	0,000	420	10	11,305	-1,305	,027
187	0,000	4,000	1,000	1,000	2188	88	118,259	-30,259	,054
188	0,000	4,000	0,000	0,000	30	0	,227	-,227	,008
189	0,000	4,000	0,000	0,000	83	0	,628	-,628	,008
190	0,000	5,000	0,000	1,000	453	4	6,746	-2,746	,015

Nummer	Rabatt	Tag	Position	Zugriff	Anzahl der Subjekte	Beobachtete Antworten	Erwartete Antworten	Residuum	Wahrscheinlichkeit
191	0,000	5,000	1,000	0,000	1111	21	28,755	-7,755	,026
192	0,000	5,000	1,000	1,000	891	44	46,358	-2,358	,052
193	0,000	6,000	0,000	0,000	84	0	,810	-,810	,007
194	0,000	6,000	0,000	1,000	193	3	1,402	1,598	,007
195	0,000	6,000	1,000	0,000	332	8	4,752	3,248	,014
196	0,000	6,000	1,000	0,000	318	3	7,914	-4,914	,026
197	0,000	6,000	1,000	1,000	468	15	23,438	-8,438	,050
198	0,000	6,000	0,000	0,000	54	0	,377	-,377	,007
199	0,000	6,000	0,000	0,000	72	0	,503	-,503	,007
200	0,000	7,000	0,000	1,000	441	10	6,067	3,993	,014
201	0,000	7,000	1,000	0,000	53	1	1,268	-,268	,024
202	0,000	7,000	1,000	0,000	120	3	5,784	-2,784	,048
203	0,000	7,000	0,000	0,000	26	0	,174	-,174	,007
204	0,000	7,000	0,000	0,000	56	0	,376	-,376	,007
205	,050	15,000	0,000	1,000	2117	13	23,100	-10,100	,011
206	,050	15,000	1,000	0,000	14	0	,266	-,266	,019
207	,050	15,000	1,000	1,000	8	2	,308	1,692	,039
208	,050	16,000	0,000	1,000	3836	48	38,127	9,873	,010
209	,050	16,000	1,000	0,000	509	13	9,307	3,693	,018
210	,050	16,000	1,000	1,000	59	3	2,186	,814	,037
211	,050	17,000	0,000	1,000	2657	39	26,775	12,225	,010
212	,050	17,000	1,000	0,000	812	21	14,272	6,728	,018
213	,050	17,000	1,000	1,000	90	5	3,208	1,792	,036
214	,050	17,000	0,000	0,000	24	0	,118	-,118	,005
215	,050	17,000	0,000	0,000	19	0	,093	-,093	,005
216	,050	18,000	0,000	1,000	1841	29	15,891	13,109	,010
217	,050	18,000	1,000	0,000	358	8	8,015	1,985	,017
218	,050	18,000	1,000	1,000	40	1	1,371	-,371	,034
219	,050	18,000	0,000	0,000	5	0	,024	-,024	,005
220	,050	18,000	0,000	0,000	4	0	,019	-,019	,005
221	,050	19,000	0,000	1,000	907	8	8,440	-,440	,009
222	,050	19,000	1,000	0,000	231	7	3,752	3,248	,016
223	,050	19,000	1,000	1,000	26	0	,857	-,857	,033
224	,050	20,000	0,000	1,000	532	12	4,757	7,243	,009
225	,050	20,000	1,000	0,000	300	3	4,933	-1,933	,016
226	,050	20,000	1,000	1,000	70	1	2,220	-1,220	,032
227	,050	20,000	0,000	0,000	4	0	,017	-,017	,004
228	,050	21,000	0,000	1,000	371	5	3,180	1,812	,008
229	,050	21,000	1,000	0,000	226	6	3,591	2,906	,015
230	,050	21,000	1,000	1,000	46	3	1,373	1,627	,031
231	,050	21,000	0,000	0,000	1	0	,004	-,004	,004
232	,100	8,000	0,000	1,000	1847	26	30,563	-4,563	,016
233	,100	8,000	1,000	0,000	183	2	4,990	-2,990	,027
234	,100	8,000	1,000	1,000	137	7	7,498	-,498	,055
235	,100	8,000	0,000	0,000	7	0	,054	-,054	,008
236	,100	8,000	0,000	0,000	11	0	,084	-,084	,008
237	,100	9,000	0,000	1,000	1447	21	21,833	-,833	,015
238	,100	9,000	1,000	0,000	365	12	9,570	2,430	,026
239	,100	9,000	1,000	1,000	742	35	39,094	-4,094	,053
240	,100	9,000	0,000	0,000	1	0	,007	-,007	,007
241	,100	10,000	0,000	1,000	954	21	13,930	7,020	,015
242	,100	10,000	1,000	0,000	798	13	19,985	-6,993	,025
243	,100	10,000	1,000	1,000	1040	24	52,745	-28,745	,051
244	,100	10,000	0,000	0,000	3	0	,021	-,021	,007
245	,100	10,000	0,000	0,000	3	0	,021	-,021	,007
246	,100	11,000	0,000	1,000	697	10	9,576	,424	,014
247	,100	11,000	1,000	0,000	1590	36	38,546	-2,546	,024
248	,100	11,000	1,000	1,000	1213	27	59,213	-32,213	,049
249	,100	11,000	0,000	0,000	170	0	1,156	-1,156	,007
250	,100	11,000	0,000	0,000	248	0	1,688	-1,688	,007
251	,100	12,000	0,000	1,000	2138	31	28,642	2,358	,013
252	,100	12,000	1,000	0,000	972	14	22,957	-8,957	,025
253	,100	12,000	1,000	1,000	626	18	29,384	-11,364	,047
254	,100	12,000	0,000	0,000	51	1	,333	,667	,007
255	,100	12,000	0,000	0,000	30	0	,196	-,196	,007
256	,100	13,000	0,000	1,000	2380	36	30,844	5,366	,013
257	,100	13,000	1,000	0,000	1688	25	37,830	-12,830	,022
258	,100	13,000	1,000	1,000	525	16	23,737	-7,737	,045
259	,100	13,000	0,000	0,000	16	0	,100	-,100	,006
260	,100	13,000	0,000	0,000	12	0	,075	-,075	,006
261	,100	14,000	0,000	1,000	2969	44	36,739	7,261	,012
262	,100	14,000	1,000	0,000	354	5	7,828	-2,828	,022
263	,100	14,000	1,000	1,000	225	7	9,703	-2,703	,044
264	,100	14,000	0,000	0,000	25	0	,151	-,151	,006
265	,100	14,000	0,000	0,000	18	0	,109	-,109	,006
266	,150	29,000	0,000	1,000	1327	15	9,850	5,150	,007
267	,150	29,000	1,000	0,000	44	0	,571	-,571	,013
268	,150	29,000	1,000	1,000	201	2	5,313	-3,313	,026
269	,150	29,000	0,000	0,000	1	0	,004	-,004	,004
270	,150	29,000	0,000	0,000	5	0	,018	-,018	,004
271	,150	30,000	0,000	1,000	3104	26	22,138	3,862	,007
272	,150	30,000	1,000	0,000	216	2	2,893	-,893	,012
273	,150	30,000	1,000	1,000	221	3	5,817	-2,817	,026
274	,150	30,000	0,000	0,000	1	0	,003	-,003	,003
275	,150	30,000	0,000	0,000	4	0	,014	-,014	,003
276	,150	31,000	0,000	1,000	1295	18	8,874	9,126	,007
277	,150	31,000	1,000	0,000	203	4	2,432	1,568	,012
278	,150	31,000	1,000	1,000	290	0	7,087	-7,087	,024
279	,150	31,000	0,000	0,000	10	0	,033	-,033	,003
280	,150	31,000	0,000	0,000	31	0	,103	-,103	,003
281	,150	32,000	0,000	1,000	857	7	4,326	2,674	,007
282	,150	32,000	1,000	0,000	194	6	2,234	3,766	,012
283	,150	32,000	1,000	1,000	48	1	1,128	-,128	,023
284	,150	32,000	0,000	0,000	4	0	,013	-,013	,003
285	,150	32,000	0,000	0,000	19	0	,061	-,061	,003
286	,150	33,000	0,000	1,000	332	4	2,100	1,900	,006
287	,150	33,000	1,000	0,000	177	1	1,959	-,959	,011
288	,150	33,000	1,000	1,000	49	1	1,107	-,107	,023
289	,150	33,000	0,000	0,000	6	0	,018	-,018	,003
290	,150	33,000	0,000	0,000	8	0	,018	-,018	,003
291	,150	34,000	0,000	1,000	302	7	1,836	5,164	,006
292	,150	34,000	1,000	0,000	107	3	1,138	1,862	,011
293	,150	34,000	1,000	1,000	33	1	,717	,283	,022
294	,150	34,000	0,000	0,000	3	0	,009	-,009	,003
295	,150	34,000	0,000	0,000	9	0	,027	-,027	,003
296	,150	35,000	0,000	1,000	257	2	1,501	,499	,006
297	,150	35,000	1,000	0,000	426	10	4,354	5,646	,010
298	,150	35,000	1,000	1,000	137	3	2,881	,139	,021
299	,150	35,000	0,000	0,000	8	0	,017	-,017	,003
300	,150	35,000	0,000	0,000	42	0	,119	-,119	,003
301	,200	22,000	0,000	1,000	1423	26	15,219	10,781	,011
302	,200	22,000	1,000	0,000	58	0	1,081	-1,081	,019
303	,200	22,000	1,000	1,000	71	4	2,681	1,319	,038
304	,200	22,000	0,000	0,000	1	0	,005	-,005	,005
305	,200	22,000	0,000	0,000	2	0	,010	-,010	,005
306	,200	23,000	0,000	1,000	1540	25	16,827	9,173	,010
307	,200	23,000	1,000	0,000	801	15	14,357	,643	,018
308	,200	23,000	1,000	1,000	90	3	3,270	-,270	,036
309	,200	23,000	0,000	0,000	5	0	,025	-,025	,005
310	,200	23,000	0,000	0,000	6	0	,030	-,030	,005
311	,200	24,000	0,000	1,000	2169	32	21,422	10,578	,010
312	,200	24,000	1,000	0,000	830	13	14,301	-1,301	,017
313	,200	24,000	1,000	1,000	420	11	14,679	-3,679	,035
314	,200	24,000	0,000	0,000	20	0	,096	-,096	,005
315	,200	24,000	0,000	0,000	5	0	,024	-,024	,005
316	,200	25,000	0,000	1,000	2662	31	25,540	5,451	,009
317	,200	25,000	1,000	0,000	609	12	10,086	1,914	,017
318	,200	25,000	1,000	1,000	444	20	14,926	5,074	,034
319	,200	25,000	0,000	0,000	44	0	,203	-,203	,005
320	,200	25,000	0,000	0,000	108	0	,499	-,499	,005
321	,200	26,000	0,000	1,000	842	14	7,679	6,321	,009
322	,200	26,000	1,000	0,000	717	13	11,414	1,586	,016
323	,200	26,000	1,000	1,000	227	11	7,340	3,660	,032
324	,200	26,000	0,000	0,000	38	0	,175	-,175	,005
325	,200	26,000	0,000	0,000	60	0	,298	-,298	,005
326	,200	27,000	0,000	1,000	781	11	6,669	4,331	,009
327	,200	27,000	1,000	0,000	195	1	2,953	-1,953	,015
328	,200	27,000	1,000	1,000	201	8	6,251	1,749	,031
329	,200	27,000	0,000	0,000	68	0	,239	-,239	,004
330	,200	27,000	0,000	0,000	88	0	,387	-,387	,004
331	,200	28,000	0,000	1,000	499	5	4,202	,798	,008
332	,200	28,000	1,000	0,000	10	0	,147	-,147	,015
333	,200	28,000	1,000	1,000	23	2	,688	1,312	,030
334	,200	28,000	0,000	0,000	6	0	,025	-,025	,004
335	,200	28,000	0,000	0,000	16	0	,088	-,088	,004

www.ingramcontent.com/pod-product-compliance
Lightning Source LLC
LaVergne TN
LVHW092342060326
832902LV00008B/769